근로
시간

WORKING HOURS

근로시간

법학박사 **김명철** 지음

임금과 함께 가장 중요한 근로조건인 '근로시간'
'근로시간'의 개념 정리부터 관련 규정 설명 및 해설까지

머리말

　근로시간은 임금과 함께 가장 중요한 근로조건이다. 노동법은 근로자의 건강 및 문화생활 보호를 위해 장시간 근로를 법으로 규제하고 있다. 그러나 최근까지 근로시간은 장시간 근로로 인한 폐해 방지를 위한 목적보다는 임금계산의 기준이나 산업재해 중 과로로 인한 재해의 인정기준 역할을 더 중요시하였다. 최근에는 근로시간이냐 노동시간이냐 하는 용어 사용도 문제가 되고 있다.

　근로시간 개념에 대해 판례, 학설 모두 임금계산의 기준에 중점을 두고 있다. 따라서 근로시간 개념을 되도록 넓게 보고 있다. 필자는 근로시간을 근로시간 규제 목적에 충실하게 개념을 정립하고 해석하는 것이 맞는다고 보고 그에 따랐다. 근로시간이냐 노동시간이냐 하는 논쟁은 임금이 노동력 가치라는 이념 문제가 개입된 것으로 근로시간 개념을 필자와 같이 정립할 경우 논쟁의 의미는 크지 않다.

　근로시간 개념 정립에 도움을 주고자 외국의 근로시간 개념 및 제도에 대해 별도의 장을 마련하여 소개하였다.

마지막 장의 '근로시간 관련 규정 및 해설'에서는 주로 행정해석을 많이 인용하였다. 행정해석이 대부분의 판례를 수용하여 판례와 차이가 나지 않고 실무에서는 행정해석이 중요하기 때문이다.

　근로시간에 대한 중요성이 증가하고 있음에도 근로시간에 대한 단행본을 거의 볼 수 없다. 이에 필자는 2018년『노동법과 민법』, 2019년『임금』에 이어 이번에『근로시간』을 발행하게 되었다. 이렇게 중요 근로조건별로 나누어 단행본을 발간하는 것은『임금』발행 시 밝힌 바와 같이 하나의 개념과 법률관계를 알기 위해 개별노동법 전체 단행본을 사야 하는 불편함을 덜기 위해서이다.

　본 책자를 발행하는 데는 많은 이의 도움이 있었다. 원고교정을 봐준 30년 넘게 고용노동부에서 동료로 근무하다 지금은 공인노무사로 활동하고 있는 유승동, 소용 노무사님, 아직도 현직으로 있는 양영봉 서기관님, 도서시장의 어려움에도 책을 발행해 준 한대환 인쇄박사 사장님께 감사의 말씀을 드린다.

2022년 1월 1일

울산 언양 영남알프스 고헌산 아래에서 김명철

제1장

근로시간 서설

제1절 근로시간의 본질과 개념

Ⅰ. 근로시간과 노동시간

근로기준법은 제4장에 '근로시간과 휴식'이라는 제목 아래 근로시간과 휴식에 대한 다양한 규정을 두고 있다. 이에 대해 일부 학자들이나 논자들은 근로라는 용어는 '근면하게 일하는 사람'이라는 이미지를 부각함으로써 노동을 통제하고 산업역군이라는 국가 이데올로기를 만들어 내기 위해 사용한 것으로 자본과의 관계 속에서 힘들게 일하는 노동자의 이미지와는 맞지 않다고 한다.[1] 따라서 '근로'라는 용어보다는 '노동'이라는 용어를 사용하는 것이 타당하다고 한다. 아래에서는 이에 대해 살펴본다.

인문·사회과학의 개념은 정태적인 것이 아니라 정치, 사회운동을 함축하고 있는 역동적인 성격을 지니고 있어서 개념사 연구는 정치·사회 제도의 분석을 전제로 하며 그 개념들은 장소와 시간에 따라 그 성격이

---

1) 박영균, 『노동가치』, 책세상, 2009, 25면

다르기 마련이다.[2]

우리나라는 오래전부터 '근로'와 '노동'이라는 단어를 사용하였으며 '근로(勤勞)'는 삼국사기에 맨 먼저 나타난다.[3] '노동(勞動)'이라는 말의 용례는 14세기 중엽(1363년) 고려말기의 학자 이제현의 시문집『익제 난고』권 제9 하 사찬의 성왕 조에서 처음으로 나타난다.『고려사』권 제 93의 열전 권 제6의 제신(諸臣)『최승로 조』에는 "작역을 강제로 징수하 여 노동을 시킨다(暴徵作役 勞動人夫)."라는 대목이 나온다.

근로와 노동 이 두 개념은 각기 살아남아 조선시대에도 계속 사용되 었다. 근대로 들어오면서 '근로'라는 말은 때로는 '노동'보다도 포괄적이 고 복합적인 방식으로 이해되기도 한다는 점에서 노동개념과 경합관계 를 보인다.[4][5]

19세기 말 서양의 학문과 법제 및 생산방식이 동양에 이식되면서 이 와 관련한 단어들도 수입되었다. 서양의 선진생산방식을 맨 처음 받아 들인 일본은 "labor"라는 단어를 어떻게 번역할 것인가에 대해 논의 끝 에 당시 우리나라와 같이 "일하다"는 의미의 '勞動' 대신 '勞働(노동)'이 라는 한자를 만들어 사용하였다. 우리나라는 20세기 초 일본의 영향 아 래 놓이게 된 때부터 근로나 勞動 대신 '勞働'을 주로 사용하였다.

「옥스퍼드 대사전」에 따르면 '노동(labor)'이라는 말은 '사회의 물질적

---

2) 김경일,『노동』, 소화, 2014, 6면

3) 『삼국사기』권 제50 열전 제10「견훤」조에 "견훤의 사위 박영규가 "(견훤이) 부지런히 힘쓴 지 40여 년 (大王勤勞四十餘年)""이라고 말하는 대목이 있다.

4) 김경일, 위의 책 213면

5) 1880년에 나온『한불ᄌᆞ뎐』에는 '근로'라는 항목이 있는데, 여기에서 '근로하다'의 의미는 "(부지런 함,수고함), 인내함, 수고함, (일을 하기 위하여) 많은 수고를 행함"으로 풀이하고 있다.

필수품을 공급하기 위한 육체적 노력'이라는 뜻으로 1776년 기록에 처음 사용되었다. 한 세기가 지난 후 그 말은 또한 '생산에 참여하는 노동자 및 직공의 일반집단'을 뜻하게 되었으며, 얼마 지나지 않아 두 의미가 연결되어 궁극적으로는 정치적 차원의 노동조합 조직을 의미하기에 이르렀다.[6] 영어에서 'labor'와 경합하는 단어로 'work'가 있다. 이 두 단어에 대해 마르크스는 "'work'는 노동과정의 질적인 속성이고 'labor'는 노동과정의 가치를 창출하는 바로서의 양적인 속성이다."라고 한다. 『자본』을 편집한 엥겔스는 4판의 주에서 상이한 이 두 노동(labor)의 속성에 대하여 영어는 서로 다른 두 가지 표현을 갖고 있다고 지적한다. 엄격한 경제적 의미로 말한다면 단순 노동과정, 즉 사용가치를 생산하는 질적 노동은 'work'이며 가치창출과정에 양적으로 측정되는 노동은 'labor'라는 것이다.[7] 이후 아렌트, 에치오니, 앤서니, 애플봄 등 여러 학자들이 'work'와 'labor'의 의미에 대해 논하고 있으나 'labor'는 마르크스의 '추상(abstract)노동'에 'work'는 '구체(concrete)노동'에 대략 상응한다고 본다.

해방 후 우리나라는 '勞働'이라는 단어는 사라졌으며 '노동(勞動)'과 '근로'가 경합관계를 이루며 사용되었다. 대체적으로 근로는 영어의 'work'에 대응하는 의미로 사용되고 노동은 영어의 'labor'에 대응하는 의미로 사용되었다. 즉 1953년 노동3법 제정 시 개별 근로관계를 규율하는 법을 '근로기준법'이라 하고 근로자의 조직에 관한 법을 '노동조합

---

6) 김경일, 위의 책 94면
7) 카를 마르크스(2008), 『자본 1-1』, 강신준 옮김, 길, 103면

법'이라고 하였다.

근로시간이라고 할 때의 근로는 마르크스가 말하는 구체노동에 해당하고 가치법칙이 적용되는 상품생산노동뿐 아니라 다양한 노동을 포함하고 있으므로 근로시간이라고 하는 것이 타당하다고 본다.[8] 따라서 이 책에서는 근로시간이라고 표현하고자 한다.

Ⅱ. 근로시간 개념과 노동법상 의미

1. 근로시간의 개념

근로시간의 개념에 대해 노동법은 직접적인 정의규정을 두고 있지 않다. 다만 근로기준법 제50조(근로시간) 제1항에 "1주간의 근로시간은 휴게시간을 제외하고 40시간을 초과할 수 없다."라고 규정하고 동조 제3항은 "…근로시간을 산정하는 경우 작업을 위하여 근로자가 사용자의 지휘·감독 아래 있는 대기시간 등은 근로시간으로 본다."라고 규정하고 있다. 동 규정은 '대기시간'이 근로시간에 포함되는지에 대한 판례(대법원 1993.5.27. 선고 92다24509 판결 등 다수)를 반영하여 규정한 것이다. 동 규정을 해석하면 근로시간은 근로자가 사용자의 지휘·감독 아래 작업하는 시간 및 작업을 위하여 대기하는 시간이 될 것이다. 강학상, 이를 '실구속시간'이라 한다. 이는 근로계약의 목적이 사용자가

---

8) ILO에서는 근로시간을 영어로 'hours of work'라고 표시하며, EU노동법전 중 제4장 「근로조건 관련 지침」 제2조(정의) 1항에 '근로시간'을 영어로 'working time'으로 표시하고 있다.

근로자의 노동결과물을 구매하는 것이 아니라 근로자들의 시간을 구매하는 것에 있는바 이에 충실한 해석이다.

근로기준법상 '근로시간'에 관한 규정은 그 규정 목적이 장시간 근로로 인한 폐해를 방지하기 위한 것으로 규정목적에 부합하는 해석인지는 논의가 필요하다고 본다. 이에 대해서는 장을 바꿔서 설명하기로 한다.

2. 근로시간의 노동법상 의미

첫째, 근로시간, 즉 실근로시간은 해당 사용자가 법정 근로시간을 준수하고 있는지를 심사하는 기준이 된다. 실제로 근로자가 근로한 시간이 법정근로시간을 초과하면 법 위반이 되고 소정의 벌칙이 적용된다(근로기준법 제110조).

둘째, 근로계약상 임금계산의 기준이 되고 최저임금법상 최저임금을 산정하는 기준이 된다. 최저임금법 제5조 제1항은 최저임금을 일(日), 주(週), 월(月) 단위로 정하더라도 시간급(時間給)으로도 표시하도록 하고 있다.

셋째, 법정근로시간을 초과한 근로시간은 연장근로수당 등 가산임금 발생의 근거가 된다. 근로기준법 제56조에 의하면, 사용자는 연장근로와 야간근로 및 휴일근로에 대하여 통상임금의 100분의 50 이상을 가산하여 지급하여야 한다.

넷째, 근로시간에 근무를 소홀히 하거나 사용자의 지시에 따르지 않을 경우 징계사유가 된다. 동 징계사유에 대한 사용자의 처분은 근로기준법 제23조 규정상의 정당성을 가질 수 있다.

　다섯째, 근로기준법 및 산업재해보상보험법상 업무상 재해 인정기준이 된다. 업무상 사고의 경우 근로시간 중 사고는 업무상 재해가 되며, 업무상 질병 중 '뇌혈관 질병 및 심장질병'의 경우 발병요인의 하나인 '만성적인 과중한 업무'의 인정기준이 되기도 한다.

제2절 노동법상 근로시간 규정

Ⅰ. 근로기준법

1. 근로기준법은 제4장(근로시간과 휴식)에 근로시간에 대한 여러 가지 제한 규정을 두고 있다

① 제50조(근로시간): 1일 8시간, 1주 40시간의 법정기준근로시간을 규정하고 대기시간이 근로시간임을 규정

② 제51조(탄력적 근로시간제): 2주 단위, 3개월 단위 탄력적 근로시간제를 규정

③ 제51조의 2(3개월을 초과하는 탄력적 근로시간제): 3개월 초과 6개월 이내의 탄력적 근로시간제를 규정

④ 제52조(선택적 근로시간제): 선택적 근로시간제의 대상근로자, 정산기간 등을 규정

⑤ 제53조(연장 근로의 제한): 최대 연장근로시간을 1주 12시간으로 규정

⑥ 제54조(휴게): 근로시간 4시간에 30분, 8시간에 1시간의 휴게시간을 규정

⑦ 제55조(휴일): 1주 1일의 주휴일과 공휴일을 유급휴일로 보장하도록 규정

⑧ 제56조(연장·야간 및 휴일 근로): 연장·야간 및 휴일 근로 시 통상임금의 100분의 50 이상을 가산하여 지급하도록 규정

⑨ 제57조(보상휴가제): 연장·야간 및 휴일 근로 시 임금지급에 갈음하여 휴가를 줄 수 있도록 규정

⑩ 제58조(근로시간 계산의 특례): 출장업무 및 재량업무에 대해 근로시간 계산의 특례를 인정

⑪ 제59조(근로시간 및 휴게시간의 특례): 운송업 및 보건업에 대해 노사간 합의 시 근로시간 및 휴게시간의 특례를 인정

⑫ 제60조(연차 유급휴가): 1년에 80% 이상 출근한 자에 대해 최소 15일의 유급휴가를 주고 1년 미만 근무자 및 1년 80% 미만 출근자에 대해 1개월 개근 시 1일의 유급휴가를 주도록 규정

⑬ 제61조(연차 유급휴가의 사용 촉진): 연차 유급휴가의 사용 촉진에 대해 규정

⑭ 제62조(연차 유급휴가의 대체): 근로자대표와 합의 시 특정일을 휴무하고 연차 유급휴가일로 갈음할 수 있도록 규정

⑮ 제63조(적용제외): 1차 산업 종사 근로자 및 감시·단속적 근로자, 관리·감독자에 대해서는 근로시간, 휴게와 휴일에 관한 규정을 적용하지 않음을 규정

2. 근로기준법 제5장(여성과 소년)에서는 여성과 18세 미만자에 대해 4장보다 강화된 근로시간 제한 규정을 두고 있다

① 제69조(근로시간): 15세 이상 18세 미만자의 근로시간을 1일 7시간 1주 35시간으로 하고 연장근로는 1일 1시간 1주일에 5시간을 한도로 규정

② 제70조(야간근로와 휴일근로의 제한): 여성근로자는 야간 근로 시 당사자 동의, 18세 미만자 및 임산부는 야간근로 원칙적 금지 등을 규정

③ 제71조(시간외 근로): 산후 1년 미만 여성근로자에 대해 1일 2시간, 1주 6시간, 1년에 150시간을 초과하는 시간외 근로 금지를 규정

④ 제73조(생리휴가): 여성근로자 청구시 월 1일의 생리휴가를 주도록 규정

⑤ 제74조(임산부의 보호): 임산부에 대해 90일(다태아 120일)의 출산전후휴가, 동 휴가 중 60일(다태아 90일)의 유급휴가, 시간외 근로 금지 등 규정

⑥ 제74조의 2(태아검진 시간의 허용 등): 임신근로자에 대해 정기건강진단을 받는 데 필요한 시간의 허용 및 동 시간 임금 삭감 금지를 규정

⑦ 제75조(육아 시간): 생후 1년 미만의 유아(乳兒)를 가진 여성근로자가 청구하면 1일 2회 각 30분의 유급 수유시간을 주도록 규정

II. 산업안전보건법

산업안전보건법 제139조(유해·위험작업에 대한 근로시간의 제한 등)는 잠함(潛函) 및 잠수작업 등 높은 기압에서 근로하는 근로자에 대해서는 1일 6시간, 1주 34시간을 초과하는 근로를 금지하고 있다.

III. 남녀고용 평등과 일·가정 양립 지원에 관한 법률(이하 "남녀고용평등법"으로 약칭한다.)

동 법에서는 남녀고용평등과 일·가정 양립지원을 위한 휴가 휴직 등 규정을 두고 있다.

① 제18조의 2(배우자 출산 휴가): 사업주는 배우자 출산 휴가를 청구하는 근로자에게 10일의 휴가를 주어야 하며 사용 휴가기간은 유급으로 하도록 규정

② 제18조의 3(난임치료 휴가): 난임치료 휴가를 청구하는 경우 3일의 휴가를 주어야 하며 그중 1일은 유급으로 하도록 규정

③ 제19조(육아휴직): 근로자가 만 8세 이하 또는 초등학교 2학년 이하의 자녀 양육을 위해 휴직을 신청하는 경우 1년 이내의 휴직을 부여토록 규정

④ 제19조의2(육아기 근로시간 단축): 근로자가 만 8세 이하 또는 초등학교 2학년 이하의 자녀 양육을 위해 근로시간 단축을 신청하는

경우 허용하여야 하며 그 기간은 1년 이내로 하도록 규정

⑤ 제22조의 2(근로자의 가족 돌봄 등을 위한 지원): 근로자가 가족을 돌보기 위한 휴직을 신청하는 경우 연간 90일의 휴직을 주어야 하며, 휴가를 신청하는 경우 10일(재난 및 안전관리법에 해당하는 경우 20일, 한 부모 가정일 경우 25일)의 휴가를 주도록 규정

⑥ 제22조의 3(가족 돌봄 등을 위한 근로시간 단축): 근로자가 가족을 돌보기 위하여 근로시간 단축을 신청하는 경우 1년 기간 내에서 근로시간 단축을 하도록 규정

근로시간 개념 및 범위

제1절 법률 규정

근로시간 개념에 대해 앞의 제1절-Ⅱ-1에서 살펴본 바와 같이 노동법은 직접적인 정의규정을 두고 있지 않다. 다만 근로기준법 제50조(근로시간) 제1항에 "1주간의 근로시간은 휴게시간을 제외하고 40시간을 초과할 수 없다."라고 규정하고 동조 제3항은 "…근로시간을 산정하는 경우 작업을 위하여 근로자가 사용자의 지휘·감독 아래 있는 대기시간 등은 근로시간으로 본다."라고 규정하고 있다. 동 규정의 의미는 근로시간은 근로자가 사용자의 지휘·감독 아래 작업하는 시간뿐 아니라 작업을 위하여 대기하는 시간을 포함하는 시간이 될 것이다.

제2절 근로시간 개념의 국제기준 및 주요국가의 근로시간 개념

Ⅰ. ILO[9]

1919년 제정된 ILO 제1호 협약인 「근로시간(공업부문)협약」은 근로 시간의 정의 규정을 두지 않았다. 이는 공업부문에서는 근로시간 측정 이 일괄적·집단적으로 이루어질 수 있으므로 그 적용이 비교적 명확할 뿐만 아니라 근로시간에 대한 별도의 규정을 둘 필요 없이 "국가법 및 관행"에 의하여 판단하도록 하여도 큰 문제가 발생할 여지가 많지 않기 때문이라고 한다.[10]

1930년 제정된 ILO 제30호 협약인 「근로시간(상업 및 사무직)협약」에 서는 사무직의 경우 근로시간의 측정이 비교적 일괄적·집단적으로 산 정되기 어렵다는 문제가 있었다. 이에 따라 동 협약에서는 ILO국제기

---

9) 이하 내용은 김기선 외 『근로시간법제의 주요 쟁점의 합리적 개선방안』, 한국노동연구원, 2015 년, 42면 이하를 요약한 것임.
10) 김기선 외 위의 책, 43면

제2장_ 근로시간 개념 및 범위 ——— 31

준 가운데 최초로 근로시간 정의규정을 도입하게 되었다.[11] 동 협약 제
4조는 "이 협약의 목적상 근로시간이라는 용어는 고용된 자가 사용자
의 처분에 있는 시간을 의미한다. (그러나 그 시간에는) 고용된 자가 사
용자의 처분하에 있지 않는 휴식(rest periods)은 포함하지 아니한다."
라고 규정하고 있다. 이 조문은 근로시간의 정의에 관한 원칙규정으로
이후 ILO국제기준에서도 동일한 형식과 개념이 원용되어 오고 있으며,
EU지침에도 유사한 정의규정을 두고 있는 등 보편적으로 적용되는 정
의규정이라고 할 수 있다.

　그러나 위 정의규정의 "처분(disposal)"과 "휴식(rest periods)"에 대하
여는 별도의 규정을 두지 않아 이들 개념을 어떻게 해석할지가 문제된
다. 일반적으로 ILO 협약 및 권고에서 사용한 개념이 명확하지 않은 경
우, 협약의 비준이나 권고의 이행 과정에서 회원국의 "국내법과 관행"
에 의해서 보충되는 과정을 거친다(ILO 헌장 제19조 제5항). 이후 ILO
는 이들 개념의 구체화를 위해 3개의 권고(제37호, 제38호, 제39호)와
다른 협약(제43호, 제49호, 제67호)을 채택하였으나 회원국들의 비준은
거의 이루어지지 않았으며 현재 더 이상 회원국들의 비준을 받지 않는
유보 협약(Shelved Conventions)으로 분류되어 있다.

---

11)　위의 책, 44면

II. EU[12)]

2003년 EU지침 제2조 제1항에서는 "근로시간(working time)이라 함은 국내법 내지 관행에 의하여 근로자가 사용자의 처분하에 있으면서, 그 활동 및 업무의 수행을 위해 일하는 기간을 의미한다"라고 규정하고 있다. 근로시간을 사용자의 처분권(at the employer's disposal)을 기준으로 규정하는 방식은 ILO 협약 제30호「근로시간(상업 및 사무직)협약」에서 수용한 이후 ILO 국제기준에서 지속적으로 활용되고 있는 방식이다. 다만 ILO 협약 제4조에서 근로시간과 휴식을 동일한 조문에서 규정한 것에 비하여, 2003년 EU지침에서는 근로시간과 휴식을 별도로 규정하면서, 근로시간 정의규정에서 "그 활동 및 업무의 수행을 위해 일하는 기간"이라는 부가적 요건을 규정하고 있다는 점이 특징적이다.

동 부가적 요건에 대하여 "실질적인 일하는 기간을 근로시간으로 산정하기 위한 것으로 …ILO 국제기준과 같이 근로자의 단순 대기기간(periods ofmere attendance)을 의도적으로 배제하기 위한 것…"이라는 주장이 제기되었다. 이에 대해 유럽법원(European Court of Justice)은 2000년 10월 3일 Sindicato de Medicos de Asistencia Publica v Conselleria de Sanidad y Consumo de la Generalidad Valenciana 사건(이하 SIMAP 사건)과 2003년 10월 29일 Landeshauptsadt Kiel v Norbert Jaeger 사건(이하 Jäger 사건)에서 이 문제, 즉 대기시간(waiting time)의 근로시간 해당성에 관하여 판단하였다.

---

12) 앞의 책(각주 9), 60면 이하 요약

SIMAP 사건은 스페인 법원이 유럽법원에 대하여 1993년 지침의 해석에 관하여 문의한 것으로, 이 사건의 주요한 쟁점은 응급구조 대기의사의 병원 내 대기시간이 근로시간에 해당하는지 여부였다. 이에 관하여 유럽법원은 "…호출 대기 시간(time spent on-call)은 완전하게 근로시간으로 간주되어야 하며, 이 지침의 목적상 연장근로의 대상이 된다. …"라고 결정하였다. 이후 동일한 의사의 대기시간이 다루어진 Jäger 사건에서도 유럽법원은 "…호출대기시간은…그 시간이 활동적인지 비활동적인지 여부를 불문하고…근로시간으로 보아야 한다. …"라고 판단하였다. 이들 두 사건 판결 이후 영국 등의 반발로 EU 위원회에서는 근로시간 및 대기시간의 보다 명확한 규율을 위한 검토에 착수하였으며, 근로자의 보호와 근로시간 유연화의 대립을 중심으로 한 수년간의 논의 끝에 2008년 6월 10일 새로운 근로시간 지침안을 마련하였다. 이 지침안에서는 대기시간을 활동적 시간(active period)과 비활동적 시간(inactive period)으로 구분하면서 그 효력을 구분하고자 하는 것을 주요 내용으로 하고 있다.[13] 그러나 이 지침안의 절충적인 입장에 대하여 노사단체 모두의 반대가 강하였으며, 이 지침안은 2012년 EU 위원회의 최종 검토 단계에서 채택되지 못하였다.

---

13) 대기근무 중 비활동적 시간이란, 근로자가 직장 내에서 있어야 하긴 하지만 사용자가 업무의 효과적인 이행을 요구하지 않는 시간으로 정의된다. 예컨대 당직의사가 병원 내에서 수면을 취하는 시간이 비활동적 시간으로 2008년 지침안에 따르면 이러한 시간은 반드시 근로시간으로 산정할 필요는 없다. 즉 비활동적 시간에 대해서는 근로시간으로 산정하기로 하는 단체협약이나 노사파트너의 합의가 있는 경우에 한하여 근로시간으로 산정된다. 반면 대기근무 중 활동적 시간이란, 업무에 종사하지 않지만 사용자의 호출을 기다리면서 업무 투입이 즉시 가능한 시간을 의미하는 것으로 이는 근로시간에 반드시 포함되어야 한다.

III. 일본[14]

1. 근로시간 해당여부의 판단시각

일본의 근로기준법에는 근로시간을 규율하는 많은 규정을 두고 있고, 근로시간이라는 용어를 사용하고 있지만 근로시간의 개념을 정의한 규정이 없다. 또한 다른 실정 노동법령 중에도 이를 정의한 규정은 없다. 따라서 법적 개념으로서 근로시간의 개념은 전적으로 해석에 맡겨져 있다.

근로기준법상의 근로시간 개념과 그 해당성 여부의 판단 기준을 둘러싸고 종래 일본에서는 두 가지 점이 논의되었다. 첫째로는 근로관계의 당사자 간의 합의가 근로시간 개념판단에 있어서 어떠한 의미를 갖는지에 관한 것이다. 종래 이를 둘러싸고 몇 가지 견해가 존재하였는데, 학설과 판례를 보면 크게 세 가지 입장으로 분류할 수 있다. 첫째로 근로관계 당사자 간의 합의(근로계약, 취업규칙, 단체협약, 노동관행 등)에 따라서 근로기준법상의 근로시간에 해당되는지 여부가 결정된다는 견해(이른바 약정기준설),[15] 둘째로, 주된 업무 또는 핵심적 업무에 종사한 시간에 대해서는 객관적으로 근로시간의 해당성 여부를 판단하되, 주변적 업무(소정근로시간 전후의 작업장 정리 등)에 종사한 시간에 대해서는 약정기준설과 같이 근로관계 당사자 간의 합의에 따라서

---

14) 앞의 책(각주 9), 78면 이하 요약
15) 末広嚴太郎(1948), 「労働基準法解説(1)」, 『法律時報』 20卷 3号, p.126; 沼田稲太郎(1980), 『労働法入門』, 青林書院, p.160; 佐藤進(1983)

결정된다고 보는 견해(이른바 이분설),[16] 마지막으로 근로관계 당사자의 합의 여하에 관계없이 근로기준법의 관점으로부터 객관적으로 결정되어야 한다는 객관설이 존재한다.

최고재판소[17] 및 행정해석[18]의 확고한 입장, 그리고 학설의 다수설[19]은 객관설을 취하고 있다.

2. 객관설에 의한 판단기준

객관설을 취하는 판례, 행정해석은 근로기준법상의 근로시간에 해당하는지 여부를 근로자의 행위가 사용자의 지휘명령하에 놓여 있는가에 따라서 판단한다고 하고 있다(이른바 "指揮命令下說"). 이러한 입장은 ILO 제30호 조약 제2조의 근로시간 개념 정의와 동일한 것이라고 할 수 있고, 특히 "사용자는 근로자에 대해서 1주간에 40시간을 초과하여 노동시켜서는 아니 된다"라고 하고 있는 근로기준법 제32조 제1항 중 "노동시키다(勞働させ)"라는 문언에 대한 해석에 기반하고 있는 것이라고 할 수 있다.

판례와 행정해석은 근로기준법의 근로시간 해당성이 문제로 되는 모든 행위 유형에 대해서 이러한 판단기준을 일률적으로 적용하고 있다.

---

16) 松岡三郎(1958), 『條解勞働基準法(上)』, 弘文堂, p.390~391; 萩澤淸彦(1966), 「八時間勞働制」, 日本勞働法學會編 『勞働保護法(1)-新勞働法講座 7』, 有斐閣, pp.70

17) 最高裁, 2000.3.9. 判決, 民集 54卷 3號, p.801; 最高裁, 2002.2.28. 判決, 民集 56卷2號, p.361; 最高裁, 2007.10.19. 判決, 民集 61卷 7號, p.2555

18) 厚生勞働省 勞働基準局(2005), 『勞働基準法(上)-勞働法コンメンタール3』, 勞務行政, pp.392~393; 1958.10.11. 基收 第6286號

19) 水町勇一郎(2007), 『勞働法』, 有斐閣, p.244; 荒木尙志(2009), 『勞働法』, 有斐閣, p.162

지휘 명령하에 있었는지 여부를 판단하기 위하여 최고재판소가 제시한 판단기준은 매우 단순하다. 즉 "근로자가 취업을 명령받은 업무의 준비행위 등을 사업소 내에서 행할 의무가 사용자에 의해서 부과되었거나 이러한 행위를 어쩔 수 없이 행하였을 때에는 당해 행위가 소정근로시간 외에 행하여진 것이라고 하여도 당해 행위는 특단의 사정이 없는 한 사용자의 지휘명령하에 놓인 것이라고 평가할 수 있고, 당해 행위에 소요된 시간은 그것이 사회통념상 필요하다고 인정되는 것인 한 근로기준법상의 근로시간에 해당한다."는 것이다.[20]

이 판단 기준에서 말하는 당해 행위를 수행할 의무가 사용자에 의해서 부과되었는지 여부는 명시적인 지시뿐만 아니라 그러한 행위를 하지 않았을 경우에 징계처분을 받는다거나 성적고과에 반영되어 임금에 부정적인 영향을 준다거나 근로[21]를 금지당하는 등의 불이익이 존재하면 당해 행위는 사용자에 의해서 의무 지워진 것이라고 해석된다는 점에 대해서는 학설과 판례에서 이론이 없다. 하지만 "이러한 행위를 어쩔수 없이 행하였을 때"란 어떠한 경우를 의미하는지는 명확하지 않다. 아마도 전자와 같이 사용자에 의해서 의무가 명시적으로 부과되지는 않았지만, 근로자가 명령받은 업무를 수행하기 위해서는 반드시 필요한 행위를 하였을 때를 의미하는 것으로 보인다. 이는 업무 관련성 또는 업무상 필요불가결성이 판단 요소로 반영된 것으로도 볼 수 있으며, 어떠한 의미에서는 이러한 행위에 대해서는 사용자에 의한 묵시의 지

---

20) 最高裁, 2000.3.9 判決, 民集 54卷 3號, p.801
21) 원문에는 취로라고 하고 있으나 우리 어법에 맞게 '근로'로 고쳐 사용함.

휘·명령이 있었다고 볼 수도 있을 것이다.

3. 중요사안에 대한 판례의 입장

1) 주된 업무 이외의 행위에 소요된 시간

판례와 행정해석에서 소정근로시간 외에 이루어지는 주된 업무 이외의 활동 가운데 그것이 근로시간에 해당되는지 여부가 문제로 된 활동 유형으로는 사업장 내에서의 이동시간(예를 들어 출입문에서 작업장까지의 이동시간), 본 작업 준비 시간(작업복 및 안전보호 장구의 착의, 자재 등의 준비, 점호 또는 조례 등), 작업종료 후의 마무리 시간(작업복 및 안전보호 장구의 탈의, 작업 종료 후의 정리·정돈, 입욕 또는 세신 등), 각종 교육 및 연수, 각종 사내 단체 활동 등 매우 다양하다. 이러한 행위들에 대해서는 명확히 강제성 또는 의무성이 인정될 수 있는 경우도 있지만 그 강제성 또는 의무성의 근거가 명확히 존재하지 않아서 그것을 인식하기 어려운 경우도 있으며, 또한 이러한 행위가 사업장 외에서 이루어지는 경우도 있다. 따라서 구체적인 사안 속에서 문제로 되는 당해 행위의 내용 및 실질을 소상히 분석하고 당해 행위가 앞에서 본 판단기준, 즉 의무성 또는 강제성, 그리고 업무관련성 또는 업무상 필요불가결성을 갖추고 있는지를 검토하여 근로시간의 해당성을 판단할 수밖에 없다.

작업 시작 전 준비 행위 및 작업 종료 후 정리 행위가 근로시간에 해당하는지에 관한 최고재판소 판결을 보면 소정근로시간 시작의 기준 시점(작업장 도착 시점) 이전에 작업복 및 안전보호 장구 등을 착의·착용하는 행위, 업무에 필요한 자재 등을 창고에서 반출하는 행위, 작업장의 비산먼지방지를 위하여 물을 뿌리는 행위가 사용자에 의해서 의무 지워진 것이라고 하여 이들 행위에 소요된 시간은 근로시간으로 인정하여야 한다고 보면서, 나아가 탈의실에서 작업복 및 안전보호 장구 등을 착의·착용하고 작업장까지 보도로 이동하거나 반대로 작업 종료 후 탈의 등을 위하여 탈의실로 보도로 이동하는 시간도 근로시간으로 인정하였다.[22] 이에 반하여 회사 출입문과 탈의실 사이의 이동시간, 오전 작업 종료 후 점심 휴식을 위하여 안전보호 장구를 벗는 시간 및 그 반대의 시간, 작업 종료 후 입욕 또는 세신 시간은 이들 행위가 사용자에 의해서 의무 지워졌다거나 주된 작업과 관련하여 이를 행하지 않을 수 없는 행위가 아니기 때문에 사용자의 지휘명령하에 있지 않았다고 하여 근로시간에 해당하지 않는다고 판단하였다.[23]

2) 불활동 시간

(1) 대기시간

현실적으로는 취로에 종사하고 있지 않지만 사용자로부터 취로의 요구가 있으면 즉시 취로할 수 있도록 하기 위하여 일정한 장소에서 대기하도록 의무 지워진 시간을 흔히 대기시간(手待ち時間)이라고 부른다.

이러한 시간은 근로로부터 완전한 해방이 보장되어 있는 시간이 아니기 때문에 근로기준법상 근로시간에 포함되어야 한다는 점에 대해서는

---

22) 앞의 판결(각주 20)
23) 앞의 판결(각주 20)

이론이 없다. 가장 흔한 예로서 사용자가 점심 식사를 위한 휴게시간을 부여하면서 고객이 사무실로 찾아오거나 전화를 걸어오는 경우에 즉각적으로 응대할 수 있도록 사무실에 대기하면서 식사를 하도록 하는 경우에 이 시간은 휴게시간이 아니고 근로시간에 포함된다.

(2) 가면시간

대기시간과의 구별이 문제로 되는 시간이 소위 '불활동시간'이다. 일본에서는 최근 불활동시간이 근로시간으로 평가되는 대기시간인지를 다투는 법적 분쟁이 많이 제기되고 있는데, 분쟁의 유형을 보면 크게 두 가지이다. 첫째는 24시간 근무체제하에서 건물을 관리·경비하는 근로자에게 심야시간대에 긴급상황 등이 발생하는 경우에 신속히 대응할 수 있도록 주간근무시간대의 근무 장소 외의 건물 내의 일정한 장소에 체재하도록 한 시간이 근로시간에 해당하는지가 다투어진 사안이다. 이러한 사안의 중요한 특징은 반드시 일정한 장소에 체재하도록 되어 있다는 점, 긴급상황 등이 발생하여 이에 대응하는 시간을 제외하면 체재 장소 내에서는 수면을 취하는 등 자유롭게 시간을 보낼 수 있다는 점, 실제로 발생한 긴급상황 등에 대처한 시간은 실근로시간에 해당되어 그에 해당하는 임금이 지급되고 있다는 점이다. 이러한 시간을 통상 일본에서는 가면(假眠)시간이라고 부른다. 둘째는 주거용 집합건물의 입주관리인의 소정근로시간 외의 불활동시간에 관한 것이다. 이 사안의 특징은 소정의 주간 근무시간대에는 관리실 등에서 근무하지만 그 외의 시간에는 주거용 집합건물 내에 있는 자신의 주거 공간에서 생활

하면서 긴급상황 등이나 입주민의 긴급한 필요 등에 대응하도록 되어 있다는 점, 그리고 첫째 유형과는 달리 소정의 근무시간이 종료한 뒤에도 긴급상황에 대응할 수 있도록 반드시 자신의 주거공간에 체재하고 있을 것을 사용자가 명확히 요구하지는 않고 있다는 점이다.

현재 두 유형에 대해서는 각각 최고재판소의 판결이 1건씩 존재하며 두 판결 모두 문제로 된 시간대가 근로시간이라는 점을 전면적으로 또는 부분적으로 인정하였다.

(3) 호출대기

현행 법제도에서는 호출근로에 대한 별도의 법규정이 존재하지 않기 때문에 결국 호출근로에 있어서 자택과 같은 사적인 공간에 체재하면서 사용자의 호출에 대응하여 실제 작업에 종사하는 경우에 사적인 공간에 체재하는 시간이 근로시간에 해당하는지 여부는 그 시간이 사용자의 지휘명령하에 놓여 있는지 여부, 즉 근로로부터의 해방이 보장되어 있는지 여부에 따라서 판단하고 있다.

IV. 독일[24)

1. 근로시간의 개념

1) 근로의 개념

---

24) 앞의 책(각주 9), 140면 이하 요약

근로시간법상 '근로시간'의 개념은 근로자가 특정한 장소에서 사용자에게 근로계약에 따라 급부의무가 있는 근로를 제공하는 시간이며, 이때 사용자에 의한 노동력의 활용 여부가 반드시 중요한 의미를 갖는 것은 아니다. 따라서 근로자가 기계의 수선이나 사용자의 근로 지시를 기다리는 시간은 근로시간이나 근로가 중단되는 동안에도 근로자에게 주어진 근로가 근로계약에 따라 제공될 것을 전제로 한다. 통설과 판례에 따르면, 근로시간은 근로자가 근로계약에 따라 나타나는 의무들을 이행함에 있어 사용자에게 실질적으로 처분권한이 주어지는 것을 말한다. 따라서 근로자가 근로계약에 따른 근로를 제공하지 않고, 사적인 통화나 인터넷 서핑, 카페테리아에 앉아 있는 것 등은 근로시간이 아니라는 것이며, 이러한 행위는 근로자의 건강을 침해하지 않는다고 보고 있다.

2) 근로의 개시와 종료

근로가 어느 시점에 개시된 것으로 볼 것인지에 관해서 근로시간법은 명시적으로 규정하고 있지 않다. 근로의 개시는 근로자가 근로계약에 따라 근로를 시작한 시점 또는 사용자에게 근로자의 노동력을 사용할 수 있도록 제공하는 때에 이루어진 것으로 보아야 한다.

언제부터 근로시간이 기산되는지, 어디에서부터 근로시간에 포함되는지 여부와 관련해서는 종종 근로자가 사업장에 출입한 시점인지 또는 해당부서의 출입부터인지, 작업복을 갈아입는 시간이 포함되는지, 출퇴근시간이 근로시간에 포함되는지 등의 문제로 다투어져 왔다. 근로자가 기업 내에 들어옴과 동시에 근로시간 기록설비에 기록되는지,

근로시간 기록이 근로 장소의 컴퓨터를 켬으로써 시작되는지 여부 등 많은 경우 단체협약 및 사업장 내 서면 합의를 통해서 1일 근로시간의 시작과 종료가 규정된다.[25] 근로의 종료는 기본적으로 근로자가 근로를 마칠 때 또는 자신의 노동력을 계약에 따라 더 이상 제공하지 않을 때 종료된다.[26] 근로의 종료 문제는 근로 개시 시점의 논리와 동일한 기본 원리가 적용된다.

2. 근로시간 관련 쟁점

1) 개관

개별 사례에서 근로시간과 자유시간은 그 경계가 모호하여 구별하는 것이 쉽지 않다. 이렇듯 그 경계가 모호한 근로시간은 일반적으로 근로대기, 대기근로, 그리고 호출대기 등으로 구분될 수 있다. 근로대기와 대기근로는 근로시간법 제7조 제1항에서, 호출대기는 근로시간법 제2조 제1호에서 각각 언급하고 있으며, 근로시간법 제15조 제1항 제3호에서는 세 가지 형태를 동시에 언급하고 있다. 그럼에도 근로시간법은 이들 용어에 대한 개념 규정을 두고 있지 않기 때문에 해석상 근로제공의 강도, 대기장소 선택의 주체 등의 판단 요소로 구별하고 있다. 일반적으로 완전근로, 근로대기, 대기근로는 근로시간으로 보고, 호출대기는 기본적으로 근로시간으로 보지 않는다. 특히 대기근로는 근로시간법 개정으로 근로시간에 포함되었다.

---

25) Wank, in: Dieterich/Hanau/Schaub/Müller-Glöge(2014), Kommentar zumArbeitsrecht, § 2 ArbZG, Rn. 11
26) 위의 책, 16면

학설과 판례는 개별 사례에서 경계에 대한 구별기준들과 이론을 발전시켜 왔다. 그러나 많은 개별 사례에서 법원은 각각의 단계에 대하여 이를 근로시간법상 근로시간으로 다룰 것인지 또는 휴식시간으로 다룰 것인지에 대한 문제제기보다는 각 단계의 보상 문제로 다루었다.

2) 근로대기(Arbeitsbereitschaft)

오늘날 판례와 통설은 '근로대기'의 개념을 주로 "긴장이 이완된 상태에서 깨어서 주의하고 있는 시간"으로 파악하고 있다. 근로대기는 구조업무에 종사하는 근로자들이 투입시간 사이에 기다리는 시간이나 화물차 운전자가 화물차에 짐을 싣거나 내리는 동안 기다리는 시간 등이 대표적인 예이다.

근로대기는 기본적으로 근로시간법상 근로시간이다. 근로대기를 이행해야 하는 근로자의 경우는 단체협약상 근로시간이 일반적인 근로시간의 근로자보다 종종 길다. 그러나 근로시간법은 근로대기에 대하여 어떻게 임금지급이 되는지에 대해서는 규정하고 있지 않으며, 이는 개별 근로계약이나 또는 단체협약 등 집단계약을 통해서 결정할 수 있다. 단체협약 당사자는 완전근로와 전형적인 근로대기의 시간을 임금지급에 있어서 구별하여 평가할 수 있다.

3) 대기근로(Bereitschaftsdienst)

대기근로는 근로자가 직접적으로 근로 장소에 출석해야 하는 것 없이 사업 목적을 위해 사용자에 의해 특정된 장소(사업장 내부 또는 외부든

관계없다.)에 머물러야 하는 시간을 말하는데, 근로자는 필요한 경우 자신의 완전한 근로가 즉시 투입될 수 있도록 해야 한다. 대기근로의 경우 근로자는 사용자가 지정한 장소에 머물러야 하나, 근로자가 일반적으로 특별한 주의를 가져야 하는 것도, 사용자에 대하여 그 밖의 활동에 대한 의무가 있는 것도 아니다. 대기근로는 근로자가 체류장소를 자유롭게 선택할 수 없으며, 사용자가 특정한 장소에 체류해야 한다는 점이 특징적이나, 통상적으로 근로제공 이외에 자신의 활동에는 제한이 없다는 점에서 근로대기와는 구별된다.

근로대기는 완전근로에 비하여 육체적이고 정신적인 측면에서 완화된 급부, 즉 "마이너스(minus)"인 반면, 대기근로는 다른 급부, 즉 "합의 대상과 다른 것(aliud)"을 의미한다. 이러한 이유로 종래 대기근로는 근로시간법상 근로시간이 아닌 것으로 간주되었다. 그러나 2003년 12월 24일 노동시장 개혁법에 따른 근로시간법 개정으로 대기근로는 근로시간으로 편입되었다. 당시 입법자는 대기근로에 대한 별도의 정의규정을 신설하지 않고 간단하게 근로시간법상 근로대기와 동일한 지위에 놓았는데, 이는 대기시간을 1일 그리고 주당 근로시간 산정에 있어서 고려해야 한다는 것을 의미한다.

대기근로는 근로자의 일반적 행동의 자유가 제한되기 때문에 근로관계에서 주된 노무급부는 아니나, 하나의 급부라는 점에서 이에 대하여 임금지급의무가 있다. 임금지급의 수준은 기본적으로 개별 또는 집단계약규정에 따라 결정된다. 대기근로 동안 근로자는 전체적으로 완전근로보다 분명하게 사소한 요구에 놓이게 되며, 그로 인해 완전근로에 비하여 낮은 수준의 보상이 이루어진다.

4) 호출대기(Rufbereitschaft)

대기근로와 호출대기의 주장이 서로 충돌될 때, 호출대기에 대한 개념 정의의 필요성이 나타난다. 대기근로는 근로자가 대기근로 동안 사용자가 지정한 장소에 체류하고 있는 반면, 호출대기는 근로자가 호출대기 동안 자신의 체류장소를 자유롭게 선택할 수 있다는 점에서 양자가 구별된다.

통설에 따르면, 호출대기는 근로자가 투입되지 않는 한 근로시간이 아니라 휴식시간으로 다루어진다. 즉 호출대기는 휴식시간으로 다루어지나, 다만 사용자의 실질적인 활용이 있는 경우 근로시간으로 본다. 호출대기는 사용자로부터 특정된 체류장소가 없다는 점에서 근로시간과 휴식시간이 혼재되어 있는 것이다. 호출대기는 법률상 개념정의가 되어 있지 않지만, 일반적으로 근로자대표 또는 공무원 대표와의 서면 합의 등에서 "근로시간 이외에 투입을 위해 준비해야 하는 시간"으로 정의되고 있다.

5) 이동시간(Wegezeit) 및 준비시간(세척시간, 작업복 갈아입는 시간)

판례와 학설은 기본적으로 근로자가 집으로부터 근로 장소까지 이동하는 이동시간은 근로시간으로 보지 않으며, 근로 개시를 위해 근로자가 옷을 갈아입거나, 씻거나 또는 준비하는 시간도 근로시간으로 보지 않는다. 최근 연방노동법원[27]은 작업복을 갈아입는 행위가 근로자 자신의 필요에 의해서가 아니라 외부(기업 등)의 요구에 의해 이루어진 경우, 옷을 갈아입는 시간은 적어도 공동결정권의 의미에서 근로시간이라고 밝힌 바 있다.

판례와 통설은 기본적으로 근로자가 사업장과 집을 오가는 통근시간은 기본적으로 근로시간법상 근로시간에 포함되지 않는다고 보고 있으나, 근로자가 사업장에 출근한 이후 사업장에서 사업장 밖의 다른 장소로 이동하는 등의 시간은 근로시간에 포함된다.

한편, 최근 정해진 사전근로 또는 근로자가 옷을 갈아입는 행위에 필요한 시간들은 이미 근로시간으로 간주되고, 사업 실무에서 시간 인정 시점을 결정하는 규정이 확장되고 있다.

V. 프랑스

1. 근로시간의 정의

노동법전은 '실근로시간(le temps de travail effectif)'이라는 용어를 사용하여 근로시간을 정의하고 있다. 실근로시간의 의미를 파악한 후 이에 해당하는지가 문제되는 구체적인 경우에 관해 살핀다.

---

27)   BAG v. 10. 11. 2009-1 ABR 54/08, NZA-RR 2010, 301

1) 실근로시간

노동법전에 따르면, 실근로시간(이하 '근로시간'이라 한다)은 "근로자가 사용자의 처분에 맡겨져 있는 시간으로서 사용자의 지시에 따라야 하고 사적인 용무에 자유롭게 종사할 수 없는 시간"을 말한다(L. 3121-1조). 여기서 세 가지 중요한 요건이 도출된다.

첫째, 사용자의 처분에 맡겨진 시간이다(사용자의 처분성). 근로자가 사업장 밖에 있더라도 사용자가 언제든지 근로자에게 근로제공을 요구할 수 있다면 이 요건을 충족한다. 반대로 근로자가 사업장 안에 있어도 자유롭게 사용할 수 있는 시간이라면 그 시간은 사용자의 처분에 맡겨져 있는 시간이라고 할 수 없다.

둘째, 사용자의 지시에 따라야 하는 시간이다(사용자의 지시성). 이는 근로자의 근로제공이 사용자의 지시에 따라 이루어짐을 나타낸다. 이 경우 사용자의 지시는 일반적 내지 묵시적 지시로 족하고, 각 업무에 대한 구체적이고 명시적인 지시일 필요는 없다.

셋째, 근로자가 사적 용무에 자유롭게 종사할 수 없는 시간이다(근로자의 구속성). 이는 근로시간이 근로제공의무와 연관되어 있는 시간임을 뜻한다. 사적 용무의 내용이 무엇이든 근로제공의무와 무관한 일을 위해 근로자가 자유롭게 이용할 수 있는 시간은 근로시간에 해당하지 않는다.

근로시간에 해당하는지는 객관적으로 판단한다. 객관적으로 근로시간에 해당하지 않는 시간에 대하여 단체협약, 근로계약 등에서 근로시간으로 간주하여 임금을 지급하기로 정한 경우라 하더라도 그 시간은 근로시간이 아니다. 반대로 단체협약 등에서 근로시간이 아닌 것으로 정했더라도 객관적으로 근로시간에 해당한다면 그에 상응하는 임금이 지급되어야 한다.

  2) 식사시간과 휴식시간

  법정 휴게시간(L. 3121-33조) 외에도 단체협약이나 관행에 의해 근로시간 도중에 식사시간 또는 휴식시간이 부여된다. 특히 근무 장소에서 이루어지는 식사나 휴식에 소요된 짧은 시간의 작업 중단이 근로시간에 해당하는지가 문제된다. 원칙적으로 식사시간이나 휴식시간은 근로시간이 아니다. 그러나 앞에서 언급한 근로시간에 관한 정의규정 (L. 3121-1)상의 요건을 충족하는 경우에는 근로시간에 해당하고 임금이 지급되어야 한다.

  (1) 식사시간

  근로시간으로 인정된 사례로 업무의 특성 때문에 식사시간 중이라도 근무 장소를 이탈할 수 없는 연속적인 순환작업에 종사하는 근로자의 경우, 근무 장소에서 식사해야 할 의무가 있고 일 때문에 식사시간 중 자유가 없는 요리사의 경우, 입소자의 요청에 응하기 위해 근무 장소에서 식사를 해야 하는 장애인복지시설 종사자의 경우 등이 있다. 그러나 양로원의 야간 당직자가 근무 장소에서 식사를 하더라도 그 시간에 입소자의 호출에 응할 의무가 없는 경우에는 식사시간이 근로시간에 해당하지 않는 것으로 판단되었다.

(2) 휴식시간

근로시간 도중에 근로자가 자유롭게 이용할 수 있는 휴식시간은 근로시간에 해당하지 않는다. 근로자가 휴식시간에 사업장을 이탈할 수 없다거나 이탈이 금지된다는 사정만으로 휴식시간이 근로시간으로 인정되는 것은 아니다. 예컨대, 근로자들이 사용자의 지시에 따를 의무로부터 벗어나 작업장소와 구분된 곳에서 휴식을 취했던 사안에서, 비록 사용자의 허락 없이는 사업장을 이탈할 수 없었다고 하더라도 해당 근로자들은 사용자의 지휘명령으로부터 벗어나 자유롭게 사적 용무를 볼 수 있었으므로 위 휴식은 근로시간에 해당하지 않는 것으로 판단되었다. 그러나 외관상 휴식 중이라도 예외적으로 발생할 수 있는 근로의 필요성에 즉각 대응하여 근로를 제공할 의무가 있는 이른바 근로대기시간은 근로자가 자유롭게 이용할 수 없는 시간이자 사용자의 처분에 맡겨져 있는 시간으로서 근로시간에 해당한다. 예를 들어, 근무시간이 밤 10시부터 다음 날 아침 6시까지인 주유소의 야간근로자가 단체협약상의 휴식시간을 실질적으로 사용하지 못하고 휴식시간 중에도 고객을 맞이해야 했던 경우, 안전팀 근로자들이 휴식시간 중에도 사용자가 지정한 장소에 머물면서 필요한 안전조치를 즉각적으로 취할 의무가 있었던 경우 등이 그러하다.

2. 구체적인 사안에서 근로시간 해당여부

1) 근무복 착용·탈의 시간

판례에 따르면, 근무복 착용·탈의시간은 단체협약 등에서 이를 근로

시간으로 간주하는 보다 유리한 규정이 있는 경우를 제외하고 근로시간에 해당하지 않는다.[28]

근로시간에 해당하지는 않지만 법이 규정하는 두 가지 요건을 충족하는 근무복 착용・탈의시간은 법이 정한 바에 따른 보상의 대상이 된다.

즉 ① 근무복의 착용이 법령, 단체협약, 취업규칙 또는 근로계약에 의해 강제되고, ② 그 착용 및 탈의가 기업 내 또는 (기업 외) 취업 장소에서 행해져야 하는 경우, 근무복 착용・탈의시간에 대하여는 단체협약이나 (단체협약 부재 시에는) 근로계약이 정하는 바에 따라 금전 또는 휴식의 형태로 보상이 이루어져야 한다(L. 3121-3조). 근무복 착용・탈의 장소(근무 장소 또는 주거)에 대한 선택권이 근로자에게 유보되어 있는 경우에는 위 ②의 요건을 충족하지 않는다는 것이 판례의 입장이다. 근무복 착용・탈의시간에 대한 금전보상을 정하고 있는 단체협약의 예를 보면, 생선발송업 단체협약에서는 연 150유로의 수당, 경비업 단체협약에서는 월 20유로의 수당을 규정하고 있다.

2) 샤워시간

노동법전 시행령이 정하는 보건상 유해하고 불결한 작업(예컨대, 석탄이나 석유를 취급하는 작업)이 이루어지는 사업장의 사용자는 행정명령이 정한 바에 따라 근로자들에게 샤워할 수 있는 시간을 부여해야 한다(R. 4228-8조). 행정명령에 의하면, 샤워시간은 근무복의 탈의시간을 포함하여 최소 15분 이상 최대 1시간 내이다. 이러한 샤워시간은 근

---

28) Soc. 28 octobre 2009, n° 08-41.953, Bull. civ., V, n° 238

로시간에 포함되지 않지만 통상적인 시급률에 따라 임금이 지급되어야
한다(R.3121-2조). 판례에 따르면, 근로자가 실제로 샤워를 하지 않았
던 경우에도 사용자는 임금을 지급해야 한다.[29] 샤워시간에 대한 임금
지급은 임금명세서에 독립 항목으로 기재되어야 하고, 그렇지 않으면
해당 임금을 지급하지 않은 것으로 추정되므로 사용자는 실제로 지급
하였음을 입증하여야 한다는 것이 판례의 입장이다.

3) 이동시간
(1) 통근시간
주거와 근로 장소를 오가는 통근시간은 근로시간에 해당하지 않는다
는 것이 판례의 입장이다.[30] 법에서도 근로계약의 이행 장소로 이동하
는 시간은 근로시간이 아니라고 규정하고 있다(L.3121-4조 제1항). 문
제는 근로자가 근로제공을 위해 자신의 주거에서 통상적인 근무지가
아닌 곳으로 이동하는 경우이다(예컨대, 고객방문, 타 사업장 방문, 외
국출장 등). 이러한 이동시간이 통상적인 통근시간을 초과하는 경우에
는 근로시간으로 보아야 한다는 판례가 있었다. 그러나 의회는 2005년
1월 18일 법률을 통해 이러한 판례와는 다소 다른 입장에서 입법적으
로 해결하였다. 즉 근로 장소로 이동하는 시간은 근로시간이 아니지만,
그 이동시간이 주거와 통상적인 근무지를 오가는 통상적인 통근시간을
초과하는 경우에는 그에 대한 휴식보상 또는 금전보상이 단체협약에서

---

29) Soc. 11 février 2004, n° 01-46405, Bull. civ., V, n° 53
30) Soc. 5 juin 2001, n° 98-46371, Bull. civ., V, n° 213

정한 바에 따라, 단체협약이 없는 경우에는 종업원 대표와의 협의 후 사용자의 결정에 따라 제공되어야 하고, 다만 이동시간 중 근무시간과 겹치는 부분의 경우 임금의 상실이 초래되어서는 안 된다고 규정하고 있다(L.3121-4조제2항). 이동시간이 통상적인 통근시간을 초과한다는 점에 대한 입증책임은 이를 주장하는 근로자에게 있다.

(2) 사업장 내 이동시간

판례에 따르면, 근로시간 중 어떤 근로 장소에서 다른 근로 장소로 이동하는 시간은 근로시간에 해당한다.[31] 문제는 근로자가 근로 장소가 아닌 탈의실이나 휴게실에서 자신의 근무 장소로 가는 사업장 내 이동시간이 근로시간에 해당하는가이다. 이러한 사업장 내 이동시간은 통근시간과 다르기 때문에 앞에서 언급한 통상적인 통근시간 또는 통상적인 통근시간을 초과하는 이동시간에 관한 특별 규율이 적용되지 않는다. 사업장 내 이동시간이 근로시간에 해당하는지는 근로시간에 관한 정의 규정(L.3121-1조)상의 요건에 따라 판단한다. 예컨대, 근무시간 기록기가 있는 근무 장소와 탈의실(및 휴게실) 간 거리가 먼 대형 할인매장에서 근로자들이 근무복을 착용하고 위 두 곳 사이를 이동한 시간은 사적으로 자유롭게 이용할 수 없는 시간으로서 사용자의 처분에 맡겨져 그 지시에 따라야 하는 근로시간에 해당하는 것으로 판단한 사례가 있다. 그러나 근무복을 착용해야 할 의무가 있다는 사정만으로 탈의실과 근무 장소 간 이동시간이 근로시간으로 인정되는 것은 아니다.

---

31) Soc. 5 novembre 2003, n° 01-43109, Bull. civ., V, n° 275

예컨대, 안전보건상의 이유로 취업규칙에서 사업장 내에 출입하는 모든 사람들에게 방사선 수치 측정기가 달린 방호복의 착용을 의무화하고 있는 경우 근로자가 방호복을 착용하는 사업장 출입구에서 자신의 근무 장소까지 이동하는 시간은 사용자의 처분에 맡겨져 있는 근로시간에 해당하지 않는다고 판단한 사례가 있다.

4) 호출대기시간

(1) 의의

노동법전에 의하면, 호출대기시간(une période d'astreinte)이란 "근로자가 사용자의 상시적이고 즉각적인 지휘명령 아래 있지 않지만 사용자의 요구 내지 호출이 있는 경우에는 사용자를 위해 언제든지 근로를 제공할 수 있도록 하기 위해 자신의 주거 또는 그 인근에 머물 의무가 있는 시간"을 말한다(L. 3121-5조 제1항).

사용자의 요구 내지 호출에 따라 근로자가 실제로 근로를 제공하는 시간은 근로시간에 해당한다(L. 3121-5조 제2항). 그러나 근로자가 사용자의 호출에 응하여 근로를 제공하기 위하여 자신의 주거(주거가 기업 구내에 있는 사택 또는 숙박시설인 경우를 포함한다.)나 그 인근에 머물 의무가 있다고 하더라도 대기하는 동안에 사적 용무를 위해 자유롭게 시간을 이용할 수 있는 경우라면 호출대기시간은 근로시간에 해당하지 않는다는 것이 판례의 입장이다. [32]

한편, 근로자가 사용자의 호출에 따라 근로를 제공하기 위해 이동하

---

32)　Soc. 31 mai 2006, n° 04-41595, Bull. civ., V, n° 197

는 시간이 근로시간에 해당하는지가 문제된다. 판례는 통상적인 통근의 경우와 달리 호출대기제도 하에서의 이동시간은 근로제공의 일부로서 근로시간에 해당한다고 본다.[33]

(2) 호출대기제의 실시와 보상

호출대기제도는 단체협약으로 그 운영방식과 보상(금전보상 또는 휴식보상)에 관한 사항을 정하여 실시한다. 이러한 단체협약이 없는 경우에는 사용자가 종업원 대표와 협의하여 호출대기제의 실시 조건과 금전보상 또는 휴식보상에 관한 사항을 결정하고 근로감독관에게 통지한 후에 실시할 수 있다(L.3121-7조). 사용자는 대상 근로자에게 적어도 15일 전에 호출대기의 일자와 시간을 통지하여야 한다(L.3121-8조). 이는 근로자로 하여금 사생활과 직장생활 간의 조화를 가능케 하려는 취지이다. 또한 사용자는 월말에 대상 근로자에게 그 달에 있었던 호출대기시간의 수와 그에 따른 보상을 명시한 서면을 배부해야 한다(R.3121-1조).

사용자는 근로시간에 해당하지 않는 호출대기시간에 대하여 단체협약이 정한 바에 따라, 단체협약이 없는 경우에는 종업원 대표와 협의하여 결정한 바에 따라 보상하여야 한다. 보상액은 호출대기시간의 수에 비례하여야 하는 것이 원칙이다.

---

33) Soc. 31 octobre 2007, n° 06-43834, Bull. civ., V, n° 183

제3절 근로시간의 개념

Ⅰ. 서론

근로시간 개념에 대해 노동법이 직접적인 정의 규정을 두고 있지 않음은 앞에서 살펴보았다. 다만, 근로기준법 제 50조 제①항에 "1주 간의 근로시간은 휴게시간을 제외하고 40시간을 초과할 수 없다."라고 규정하여 휴게시간이 근로시간이 아님을 명시하고, 제③항에 "제1항 및 제2항에 따라 근로시간을 산정하는 경우 작업을 위하여 근로자가 사용자의 지휘·감독 아래에 있는 대기시간 등은 근로시간으로 본다."라고 규정하여 대기시간이 근로시간임을 명시하고 있다.

근로시간이라는 개념이 노동법에서 문제가 되는 가장 중요한 이유는 앞에서 살펴본 바와 같이 첫째, 근로기준법 제50조 이하에서 규정하고 있는 근로시간 제한 규정 적용여부를 판단하는 기준이 된다는 것이다. 둘째, 근로기준법상 근로시간에 따른 임금지급 원칙[34]의 계산 단위라는

---

34)   대법원 2010.5.13.선고 2008다6052 판결

것이다. 우리나라의 학설, 판례는 이들 문제에 대한 특별한 구별 없이 근로시간 개념을 사용하고 있다.

이와 같은 태도가 적절한지 구별할 필요성은 없는지 살펴본다.

Ⅱ. 학설

일본[35]은 학설상 '약정기준설', '이분설', '객관설' 등이 주장되다가 '객관설'로 통일되었음을 앞에서 살펴보았다. 우리나라 학설은 '객관설'을 따르고 있었으나 최근 학자에 따라서는 변화된 주장을 하고 있다. 하갑래[36]는 "근로시간이라 함은 '사용자의 지휘·감독 아래 있는 시간 즉, 경제적 목적에 사용하느냐와 관계없이 노동력을 사용자의 처분 아래 둔 실 구속시간'을 의미한다."라고 하여 지휘감독설을 취하는 것으로 보인다. 임종률[37]은 "근로시간 개념은 '사용자의 작업상의 지휘감독 아래 있는 시간 또는 사용자의 명시 또는 묵시의 지시·승인에 따라 그 업무에 종사한 시간'이라고 정의하고 있다.(업무성 보충설)" 김형배는 계속 지휘감독설을 취하다가 최근[38] "근로시간이란 근로자가 사용자의 지휘·감독하에 근로계약상의 근로를 제공하는 시간과 그 업무와 관련하여 대기하는 시간으로서 이에 대하여 임금이 지급되는 시간을 말한다."

---

35) 제1장 제2절 Ⅲ.-1 참조
36) 하갑래, 『근로기준법』, (주)중앙경제, 2020, 367면
37) 임종률, 『노동법』 제14판, 박영사, 2016, 439면
38) 김형배, 『새로 쓴 노동법』 제25판, 박영사, 2016, 419면

라고 하여 대기시간의 경우 임금지급을 근로시간 판단의 요소로 삼고 있다. 따라서 이는 이분설을 따르는 것이 아닌가 한다.

III. 판례 및 행정해석

판례는 근로기준법상 근로시간이란 "근로자가 사용자의 지휘감독 아래 근로계약상의 근로를 제공하는 시간 즉 실근로시간을 말한다."(대법원 1992. 10. 9. 선고 91다14406 판결 등)라고 한다. 최근 대법원(2019. 7. 25. 선고 2018도16228 판결)은 "근로시간이란 근로자가 사용자의 지휘·감독을 받으면서 근로계약에 따른 근로를 제공하는 시간을 말하는데, 위 규정(근로기준법 제50조 및 제53조 규정)은 근로자들의 과중한 근무시간을 제한하고자 하는 규정이므로 위 규정이 말하는 근로시간은 실근로시간을 의미한다."고 한다. 대법원 판례는 학설의 객관설 중 지휘감독설을 따르고 있다. 2019년 판결은 근로시간을 실근로시간으로 하는 이유를 근로시간 제한의 목적에서 찾고 있다.

임금과 관련 있는 근로시간 사건 판결에서 대법원(1993. 5. 27. 선고 92다24509 판결 등 다수)은 "근로시간이라 함은 근로자가 사용자의 지휘·감독 아래 근로계약상의 근로를 제공하는 시간을 말한다."라고만 설시하고 이를 다시 "실근로시간을 말한다."라는 부연 설명은 하지 않고 있다. 근로시간이 임금계산의 단위인 경우에는 "노사간에 실제 연장근로시간과 관계없이 일정 시간을 연장근로시간으로 간주하기로 합의한 경우, 사용자가 실제 연장근로시간이 합의한 시간에 미달함을 이유로 근로시간을 다투는 것이 허용되지 아니한다. (대법원 2012. 3. 29. 선고 2010다91046 판결)"라고 하여 실근로시간이 약정 근로시간에 미달할 경우 실근로시간이 아닌 약정 근로시간을 근로시간으로 보고 있다.

이에 비춰볼 때 판례는 근로시간 제한규정적용 근로시간과 임금계산 기준근로시간을 다르게 판단하고 있다.

고용노동부는 2018. 7. 1. 개정근로기준법 시행과 관련하여 2018. 6. 11. 「근로시간 해당여부 판단 기준 및 사례」를 발표하였다. 동 판단 기준에서 "근로시간이라 함은 근로자가 사용자의 지휘·감독 아래 종속되어 있는 시간, 즉 노동력을 사용자의 처분 아래에 둔 실구속시간을 의미, 사용자의 지휘·감독은 명시적인 것뿐만 아니라 묵시적인 것을 포함"하는 것이라고 한다.

IV. 사견

근로시간은 근로시간 제한 규정 적용여부 판단기준이 된다. 동시에 임금계산의 기준이 된다.

근로시간 제한의 목적은 근로자의 건강보호 및 인간다운 생활을 보장하기 위함이다. 동 제한 목적에 충실하게 근로시간을 제한할 경우, 먼저 근로의 강도가 고려되어야 할 것이다. 근로의 강도(强度)에 따라 근로시간의 길이가 달라야 한다. 그러나 일부 업종에 대해서만 특별한 규정을 두고 있고(예, 근기법 제63조, 산안법 제139조) 대부분의 근로는 근로의 강도에 관계없이 일률적으로 적용하고 있다. 같은 업종이라 하더라도 주된 업무에 따르는 부수업무(작업장 정리정돈, 작업준비, 작업대기 등)는 근로의 강도에 차이가 있으므로 구분할 필요가 있다. 또한 근로시간 제한 규정 위반 시 형사처벌이 규정(근기법 110조)되어 있으므로 근로시간 제한 기준 근로시간의 경우 엄격한 해석이 요구된다.

임금계산의 기준이 되는 근로시간은 근로계약에서 근로자의 채무의 이행은 '자신의 노동력을 사용자의 처분 아래 두는 것'이고 시간이 바로 돈(임금)이기 때문에 근로의 강도에 관계없이 일률적으로 해석하는 것이 타당하다 할 것이다.

학설은 근로시간 개념 해석 기준이 근로시간 제한 기준시간과 임금계산 기준시간의 다름을 인정하지 않고 두 기준을 포괄하는 해석을 하고 있다. 김형배 교수는 앞에서 본 바와 같이 근로시간 중 대기시간의 경우 임금지급을 근로시간 판단의 요소로 삼고 있다. 이는 양 기준시간의 해석을 조화롭게 하기 위한 것으로 보인다. 도재형 교수는 "현재 한국의 대기시간제도의 단점을 보완하는 현실적인 방법은 업종별 혹은 사업 및 사업장별 사정 및 대기시간제도의 특성 등을 고려한 입법을 마련하는 것"이라고 하면서, 프랑스 입법례를 참고하여 근로시간과 휴게시간 외에도 중간적인 시간을 규정할 것을 제안한다.[39]

판례는 위 Ⅲ.항에서 살펴본 바와 같이 두 근로시간 개념을 구분하고 있다. 임금관련 대법원 2012. 3. 29. 선고 2010다91046 판결의 경우 객관

---

[39] 앞의 책(각주 9), 323면

적 사실보다는 당사자의 합의를 중요시 하고 있다.

　사견으로는 근로시간 개념을 근로시간 제한규정적용 근로시간과 임금계산 기준근로시간을 구분하고 근로시간 제한규정적용 근로시간이란 "단체협약, 취업규칙, 근로계약 및 노사합의 등으로 약정한 시간(이하 "약정시간"이라 한다.) 중 사용자의 지휘·감독 아래 있는 시간과 약정시간외의 근로는 근로시간 제한규정의 관점에서 객관적으로 판단하여야 한다."고 본다.

제4절 근로시간의 판단

Ⅰ. 판단원칙

근로시간이란 당사자 간 약정한 시간 중 사용자의 지휘·감독 아래 있는 시간과 약정시간 외의 근로는 근로시간 제한규정의 관점에서 객관적으로 판단하여야 한다. 여기서 객관적 판단이란 근로시간 해당여부는 사용자의 지시 여부, 업무수행(참여)의무 정도, 수행이나 참여를 거부한 경우 불이익 여부, 시간·장소의 제한 정도 등 구체적 사실관계를 따져 사례별로 판단하여야 할 것이다. [40][41]

---

40) 고용노동부 2018.6.11. 「근로시간 해당여부 판단 기준 및 사례」, 대법원 2017.12.5.선고 2014다 74254 판결 등

41) 그러나 당사자간 합의한 근로시간 외의 근로를 사용자가 강요할 수 있는 근거가 없어 근로시간 여부 에 대한 사회적 합의가 형성되면 이와 같은 시간은 줄어들 것이다.

II. 시업시각과 종업시각

시업시각은 객관적으로 근로자가 어느 시점부터 사용자의 지휘·감독 아래 근로를 제공하는 시각인가 하는 것이다. 원칙적으로 단체협약이나 취업규칙에서 정한 출근확인시각을 시업시각으로 본다. 입문시각과 작업시각을 다 같이 정하고 있을 경우에는 그 두 시각에서 사용자의 지휘·감독이 발생한 때를 시업시각으로 본다.

종업시각은 객관적으로 근로자가 어느 시점부터 사용자의 지휘·감독을 벗어난 시각인가 하는 것이다. 원칙적으로 단체협약이나 취업규칙에서 정한 작업종료시각을 말한다. 앞의 작업종료시각이 끝났다고 하더라도 사용자의 지휘·감독 아래 있는 경우에는 종업시각은 연장된다. 예를 들면 주작업과 불가분의 관계에 있는 기계·기구의 정비·점검, 사업장 정리·정돈 등을 할 경우 등이다.

III. 주요사례의 근로시간 여부 판단

1. 작업개시·종료 전후의 부수적 작업시간

실근로에 부수된 작업이 단체협약·취업규칙 등에 의무화되어 있으면 이에 소요되는 시간은 근로시간이다. 작업개시 전후의 시간이라도 작업지시의 수령, 업무의 인수·인계, 기계·기구의 점검, 보호 장비의 착용 등은 주작업과 필요불가분의 관계에 있기 때문에 근로시간이다. 그러나 작업복의 환복·탈의, 목욕, 참석을 강제하지 않는 조회·회의·체조시간(반대로 참석을 강제한다면 근로시간이다), 화장실 가는 시간 등은 근로시간으로 보기 어렵다.

최근 작업준비의 하나인 화장품 판매원의 꾸밈(grooming)시간이 근로시간인지가 문제된 사안이 있다. 법원(서울중앙지법 2019. 11. 7. 선고 2017가합562931 판결)은 꾸밈 시간이 근로시간인지는 판단하지 않고 회사가 1시간 동안 꾸밈을 포함한 판매준비 시간 전에 조기출근을 명하였다는 사실을 확인할 수 없다며 기각한 사례가 있다.

학설이나 행정해석은 이들 사례에 대한 근로시간 판단 시 사용자의 지시를 주요 요소로 하고 있다. 그러나 근로계약상 근로제공 의무시간이 아닌 시간에 사용자가 근로자에게 업무관련 지시를 할 수 없으며 불이익 취급도 할 수 없는바(관련 판례: 대법원 1992. 4. 14. 선고 91다 20548 판결) 과거 노사당사자가 판단이 곤란한 상태에서는 의미가 있었으나 판례와 해석이 축적된 상태에서는 근로시간으로 인정되는 업무에 대해서는 업무시간에 행하여야 할 것이다.

2. 휴게시간

휴게시간은 사용자의 지휘·감독에서 벗어나 자유롭게 이용이 보장된 시간으로 근로시간이 아니다(근로기준법 제50조 제1항, 제2항). 그러나 형식적으로는 휴게시간이나 실질적으로는 근로자의 자유로운 이용이 어려운 경우, 즉 점포 내에서 쉬는 것으로 되어 있으나 손님이 들어오면 즉시 응대해야 할 경우, 휴게시간 중에 손님 당번을 맡고 있는 경우는 근로시간이다.

3. 대기시간

작업을 위하여 근로자가 사용자의 지휘감독 아래 있는 대기시간(이하 "대기시간"이라 한다.)은 근로시간이다(근로기준법 제50조 제3항). 이는 대기시간을 근로시간으로 보는 일관된 판례(대법원 1993. 5. 27. 선고 92다24509 판결 등)에 따라 입법한 것이다. 명칭은 대기시간이나 실질은 휴게시간인 경우는 근로시간이 아니다. 즉, 대기시간과 운행시간의 구분이 명확하고, 대기시간 중에는 근로자가 휴게실에서 휴식을 취하거나 사업장 밖으로 이탈하여 개인적 업무도 가능하여 사용자의 지휘감독을 받지 않고 자유롭게 이용할 수 있는 경우라면 이는 대기시간이 아닌 휴게시간으로 근로시간이 아니다. (근로시간정책과-2760, 2013. 5. 8. ;대법원 2019. 7. 25. 선고 2018도16228 판결)

근로시간 사이에 대기시간이 많은 1차 산업 종사자, 관리직, 감시·단속적 업무 종사자에 대해서는 근로시간 제한 규정을 적용하지 않는다(근로기준법 제63조).

4. 교육(훈련)시간

교육시간은 원칙적으로 근로시간이 아니다. 이는 근로자직업능력개발법 제9조[42]의 규정 취지에도 부합한다 할 것이다. 그러나 사용자가

---

42) 제9조(훈련계약과 권리·의무)
　　① 사업주와 직업능력개발훈련을 받으려는 근로자는 직업능력개발훈련에 따른 권리·의무 등에 관하여 훈련계약을 체결할 수 있다.

필요하여 당사자간 약정한 근로시간 중에 행한 교육은 근로시간이다. 약정근로시간이 아닌 시간에 사용자가 의무적으로 실시하도록 되어 있는 교육을 실시하는 것은 연장근로로서 당사자 간 합의하에 실시하여야 할 것이다(근로자직업능력개발법 제9조 제4항).[43]

근로자직업능력개발법 제9조 제1항은 근로계약과 다르게 '훈련계약'을 체결할 수 있도록 규정하고 동법 제5항은 "기준근로시간 외의 훈련시간에 대하여는 생산시설을 이용하거나 근무 장소에서 하는 직업능력개발훈련의 경우를 제외하고는 연장근로와 야간근로에 해당하는 임금을 지급하지 아니할 수 있다."라고 규정하고 있는 바 이는 기준근로시간외에 근무 장소가 아닌 곳에서 행하는 교육(훈련)시간을 근로시간으로 보지 않기 때문이다.[44]

사용자가 의무적으로 실시하도록 되어 있는 각종 교육시간이 근로시간인지가 논란이 된 대표적인 사례에 대해서는 법상 사용자가 실시토

---

② 사업주는 제1항에 따른 훈련계약을 체결할 때에는 해당 직업능력개발훈련을 받는 사람이 직업능력개발훈련을 이수한 후에 사업주가 지정하는 업무에 일정 기간 종사하도록 할 수 있다. 이 경우 그 기간은 5년 이내로 하되, 직업능력개발훈련기간의 3배를 초과할 수 없다.

③ 제1항에 따른 훈련계약을 체결하지 아니한 경우에 고용근로자가 받은 직업능력개발훈련에 대하여는 그 근로자가 근로를 제공한 것으로 본다.

④ 제1항에 따른 훈련계약을 체결하지 아니한 사업주는 직업능력개발훈련을 「근로기준법」 제50조에 따른 근로시간(이하 "기준근로시간"이라 한다) 내에 실시하되, 해당 근로자와 합의한 경우에는 기준근로시간 외의 시간에 직업능력개발훈련을 실시할 수 있다.

⑤ 기준근로시간 외의 훈련시간에 대하여는 생산시설을 이용하거나 근무장소에서 하는 직업능력개발훈련의 경우를 제외하고는 연장근로와 야간근로에 해당하는 임금을 지급하지 아니할 수 있다.

43) 각주 40)의 고용노동부 판단기준은 사용자가 의무적으로 실시하도록 되어 있는 각종 교육을 실시하는 경우 근로시간에 포함 가능하다고 한다.

44) 만약 교육시간을 근로시간으로 본다면 근로자가 야간 대학을 가는 것도 근로기준법 위반 소지가 있으며 고등학생들이 방과후 학습을 하는 것도 문제가 된다.

록 규정한 의무교육을 근로자 의무교육으로 법을 개정하였다(여객자동차운수사업법 제25조, 산업안전보건법 제31조 등). 행정해석(근로기준과 01254-14835, 1988.9.29.)은 근로자가 회사와는 관계없는 운전면허증 소지자에 대한 소양교육과 같은 법적 개인의무사항 교육이나 국가기관 등의 시책사업으로 사용자에게 협조를 요구하여 근무시간외 또는 휴일에 회사에서 단체로 근로자에게 의무사항이 아닌 권고사항으로 시행하는 국민정신교육, 환경미화교육, 개인교양교육, 국가홍보사항교육 등은 근로시간에 포함하지 않는다고 한다.

5. 출장시간

출장시간은 근로시간이다. 출장의 경우 회사 밖에서 업무를 수행하기 때문에 근로시간 산정이 어렵다. 이에 따라 근로기준법 제58조(근로시간의 특례)에 근로시간 산정에 대한 특례를 두고 있다. 근로시간 산정이 가능하면 그 시간, 근로시간 산정이 어려운 경우 소정 근로시간을 근로시간으로 본다. 다만 통상적으로 소정근로시간을 초과하여 근로할 필요가 있는 경우에는 그 업무의 수행에 필요한 시간을 근로한 것으로 본다. 동 단서에도 불구하고 근로자대표와 서면 합의한 경우에는 합의한 시간을 근로시간으로 본다. 최근 해외 출장 시 근로시간 관련 논란이 있는바 고용노동부는 근로시간을 사전에 근로자대표와 합의하도록 지도하고 있다.

6. 접대

접대가 당사자 간 약정한 근로시간외에 이루어진 경우 원칙적으로 근로시간이 아니다. 고용노동부는 접대가 업무수행과 관련이 있고 사용자의 지시가 있는 경우는 근로시간으로 인정가능하다고 한다. 접대관련 휴일골프 라운딩과 관련하여 서울중앙지방법원에서 근로시간으로 단정할 수 없다고 판단한 판결(서울중앙지법 2018. 4. 4. 선고 2017가단5217727;2018나25938 판결)이 있다.

7. 워크숍·세미나

원칙적으로 근로시간이 아니다. 구체적인 판단은 위 교육(훈련)시간과 같다.

8. 회식

회식은 근로자의 기본적인 노무제공과는 관련 없이 사업장 내의 구성원의 사기 진작, 조직의 결속 및 친목 등을 강화하기 위한 차원의 행사이므로 근로시간이 아니다.

9. 일·숙직 시간

일·숙직 근무는 주기적 순찰, 전화·문서의 접수, 비상사태 대응 등의 임무를 가지고 사업장 안에서 대기하는 특수한 근무로서 노동 강도가 약하고 감시·단속적 근로의 성격도 가진다. 이와 같은 전형적인 일·숙직 근무시간은 근로시간이 아니다. 본래의 근로계약과 구분되는 별도의 부수적 계약이 체결된 것으로 본다. 따라서 일숙직 규정에 따른 수당만 지급하면 되고 근로계약에 따른 임금 및 근로기준법 상의 휴일·연장·야간 근로수당을 지급할 필요가 없다.

그러나 일·숙직 근무가 그 근무의 방법·내용·질이 통상근무와 마찬가지라고 인정될 때에는 근로시간이다. (대법원 1990. 12. 26. 선고 90다카13465 판결 등)

10. 공민권 행사·공의 직무 수행 및 향토예비군 훈련 참가 등

공민권 행사·공의 직무 수행 및 향토예비군 훈련 참가 등은 원칙적으로 근로시간이 아니다. 그러나 당사자 간 약정한 근로시간 중에 이들 직무를 수행한 경우에는 임금은 지급하여야 한다. 근로시간외에 이들 직무를 수행한 경우에는 임금을 지급할 의무가 없다.

예비군 훈련 우수자로 선정되어 훈련기간이 단축되었다면 동 단축일에는 출근하여야 한다. 정상 소집일에 불참하여 보충교육을 받는 경우에는 사용자는 임금을 지급할 의무가 없다(1976. 4. 10. 법무 811-6158).

제5절 근로시간과 업무상 재해보상 요건인 '업무상'과의 관계

I. 개설

근로기준법은 제8장에서 근로자가 업무상 부상·질병에 걸리거나 사망한 경우 그에 상응 하는 보상을 하도록 규정하고 있다. 즉, 부상을 당하거나 질병에 걸린 경우 요양보상(법 제 78조)을 하고, 이로 인해 휴업을 한 경우 휴업보상(법 제79조)을, 치료 완치 후 장해가 있으면 장해보상(제80조)을, 근로자가 사망한 경우 유족보상(법 제82조)을 하도록 규정하고 있다. 그런데 동 법은 재해보상 요건인 '업무상'이 무엇인지에 대해서는 규정하지 않고 있다.

위와 같은 보상을 사업주가 개인의 재산 또는 법인의 재산으로 직접 보상을 하는 경우 사업주의 자력(資力)에 따라 충분한 보상이 이루어질 수 없는 경우가 있을 수 있고, 당사자간 보상을 둘러싼 다툼이 발생할 수 있어 효율적인 보상이 어렵다. 이에 따라 국가가 책임을 지고 피재근로자와 그 유족에 대한 체계적인 보호를 위하여 산업재해보상보험법

(이하 '산재법'이라 한다)을 제정하여 보호하고 있다. 즉 산재법은 재해를 당한 근로자와 그 유족의 생존권을 보장하는 사회보장제도의 하나로 기능하고 있다.

동 산재법 제5조(정의) 제1호에 "'업무상 재해'란 업무상의 사유에 따른 근로자의 부상·질병·장해 또는 사망을 말한다."라고 규정하고 있다. 산재법도 '업무상 재해'에 대해 구체적으로 규정하지 않고 있다. 다만 제37조(업무상 재해인정기준)에서 업무상재해에 대해 간접적으로 규정하고 있다. 아래에서는 근로기준법과 산재법상의 '업무상'의 시간적 범위가 근로시간과 어떠한 관계에 있는지 살펴보고자 한다.

II. 학설 및 판례

산업재해 보상 요건으로서의 '업무상 사유'는 업무수행성과 업무기인성 중 하나만 충족하면 업무상 사유에 해당한다는 것이 통설이다. 여기서 말하는 업무수행성은 "근로계약 등에 기초한 담당업무에 종사하는 상태"를 말한다는 견해(근로제공설)와 "사용자의 지배·관리 아래에 있는 상태"로 보아야 한다는 견해(지배관리설)가 있다. 통설과 판례(대법원 1994. 10. 25. 선고 94누9498 판결)는 "'업무수행성'이란 사용자의 지배·관리하에 이루어지는 당해 근로자의 업무수행 및 그에 수반되는 통상적인 것을 말한다."고 판시하여 지배관리설을 따르고 있다. 그러나 2017. 10. 24. 법률 제14933호로 개정한 산재법은 '업무상 재해 인정기준'(제37조 규정)에 출퇴근 재해를 규정하면서 사업주의 지배관리가 미치지 않는 (대법원 전합 2007.9.28. 선고 2005두12572 판결) '그 밖에 통상적인 경로와 방법으로 출퇴근하는 중 발생한 사고'를 추가하여 '지배·관리설'보다 더 넓게 업무상 재해를 인정하고 있다.

III. 산재법상 '업무상 재해 인정기준'과 근로시간

산재법 제37조(업무상 재해 인정기준) 제1항은 "근로자가 다음 각 호의 어느 하나에 해당하는 사유로 부상·질병 또는 장해가 발생하거나 사망하면 업무상 재해로 본다(단서 생략)"라고 규정하면서 '제1호 업무상 사고, 제2호 업무상 질병, 제3호 출퇴근 재해'를 규정하고 있다. 이중 근로시간과 관계되는 제1호 및 제3호에 대해 살펴보고자 한다.

1. 업무상 사고

1) 근로자가 근로계약에 따른 업무나 그에 따르는 행위를 하던 중 발생한 사고

동 규정에 대해 동법 시행령 제27조 제1항은 ① 근로계약에 따른 업무수행행위, ② 업무수행 과정에서 하는 용변 등 생리적 필요 행위, ③ 업무를 준비하거나 마무리하는 행위, 그 밖에 업무에 따르는 필요적 부수행위, ④ 천재지변·화재 등 사업장 내에 돌발적 사고에 따른 긴급 피난·구조행위 등 사회통념상 예견되는 행위를 규정하고 있다.

판례는 근로시간이 아닌 휴게시간을 이용하여 회사 정문 옆 구내매점에 간식을 사러 가다가 사업장 시설인 제품하치장에서 회사 트럭에 받힌 경우 간식을 사 먹는 행위는 근로자의 업무행위에 수반된 생리적 또는 합리적 행위라고 하여 업무상 재해를 인정하였다(대법원 2000. 4. 5. 선고 2000다2023 판결). 또한 건축물 신축 공사 중 미장공사를 하도급 받은 자의 피용인이 하도급 계약 개시일 전날 밤에 그 다음날부터의 작업을 준비하기 위하여 작업도구를 공사현장에 옮겨 놓던 중 발생한 재해는 업무수행에 수반되는 준비행위로서 업무상의 재해에 해당한다(대법원 1996. 10. 11. 선고 96누9034 판결)고 하여 업무상의 시간적 범위를 근로시간보다 넓게 보고 있다.

2) 사업장 밖에서 발생한 사고

근로자가 사업주의 지시를 받아 사업장 밖에서 업무를 수행하던 중에 발생한 사고는 업무상 사고로 본다. 근로자가 사업장 밖에서 일하는 것을 통상 출장이라 한다. 출장에 대해서는 근로시간으로 보고 근로시간 계산에 특별 규정(근기법 제58조)이 있음은 앞에서 살펴보았다.

3) 사업주가 주관하거나 사업주의 지시에 따라 참여한 행사나 행사준비 중에 발생한 사고

산재법 시행령 제30조(행사 중의 사고)는 '운동경기·야유회·등산대회 등 각종 행사(이하 "행사"라 한다)'에 근로자가 참가하는 것이 사회통념상 노무관리 또는 사업운영상 필요하다고 인정되는 경우로서 다음

각 호의 어느 하나에 해당하는 경우에 근로자가 그 행사에 참가(행사 참가를 위한 준비 · 연습을 포함한다)하여 발생한 사고는 법 제37조 제1항 제1호 라목에 따른 업무상 사고로 본다.

1. 사업주가 행사에 참가한 근로자에 대하여 행사에 참가한 시간을 근무한 시간으로 인정하는 경우
2. 사업주가 그 근로자에게 행사에 참가하도록 지시한 경우
3. 사전에 사업주의 승인을 받아 행사에 참가한 경우
4. 그 밖에 제1호부터 제3호까지의 규정에 준하는 경우로서 사업주가 그 근로자의 행사 참가를 통상적 · 관례적으로 인정한 경우

판례는 근로시간으로 인정하기 어려운 '회사의 적극적인 지원하에 매년 정기적으로 실시되는 동호인 모임인 낚시회 행사 관련사고'를 업무상 재해로 인정하고(대법원 1997. 8. 29. 선고 97누7271 판결), '회사의 승낙에 의한 노조전임자가 노동조합 결의대회에 사용된 현수막을 철거하던 중 재해를 입은 경우' 업무상 재해에 해당한다(대법원 1998. 12. 8. 선고 98두14006 판결)고 한다.

회식의 경우도 근로시간으로 인정하기 어려우나 근로자의 회식과 관련한 사고가 업무수행성이 인정되는 한 업무상 재해로 인정한다. 판례는 공식적인 회식종료 후 음주로 인해 퇴근 중 재해를 당한 것까지 업무상 재해로 인정한다(대법원 2008. 10. 9. 선고 2008두9812 판결 등). 그러

나 1차 회식 후 적극적인 유희 목적으로 2차 회식을 위해 이동하던 중의 사고(1996.6.14.선고 96누3555 판결)에 대하여는 업무상 재해를 인정하지 아니한다.

4) 휴게시간 중 사고

휴게시간은 법상 근로시간이 아니다. 그러나 산재법 제37조 제1항 제1호 마목은 "휴게시간 중 사업주의 지배관리하에 있다고 볼 수 있는 행위로 발생한 사고"는 업무상 재해로 인정한다. 판례(대법원 2004.12.24. 선고2004두6549 판결)는 구내식당이 없는 사업장에 근무하던 근로자가 사업주의 허락 하에 평소와 같이 점심시간에 사업장 인근의 자택에서 점심식사를 한 후 바로 사업장으로 복귀하던 중 일어난 재해도 업무상 재해로 인정하고 있다.

2. 출퇴근 재해

출퇴근 시간이 근로시간이 아닌 것은 명백하다. 그러나 산재법은 출퇴근 중 재해를 업무상 재해로 보고 있다. 2017.10.24.법률 제14933호로 개정되기 전의 산재법은 출퇴근 중 사업주의 지배·관리권이 미치는 '사업주가 제공한 교통수단이나 그에 준하는 교통수단을 이용하는 등 사업주의 지배관리 하에서 출퇴근 중 발생한 사고'에 대해서만 업무상 재해를 인정하였으나 2017년에 산재법을 개정하여 '그 밖에 통상적인 경로와 방법으로 출퇴근 하는 중 발생한 사고'를 추가하여 모든 출퇴근 중 사고에 대해 업무상 재해를 인정하고 있다.

IV. 결어

근로시간과 업무상 재해보상요건인 '업무상'의 시간적 범위와의 관계에 대해 일부 학설은 업무상을 엄격히 해석하여 업무수행성은 근로시간과 유사하게 "근로계약 등에 기초한 담당업무에 종사하는 상태"를 말한다는 견해(근로제공설)가 있었으나 통설과 판례(대법원 1994. 10. 25., 94누9498 판결)는 "'업무수행성'이란 사용자의 지배·관리하에 이루어지는 당해 근로자의 업무수행 및 그에 수반되는 통상적인 것을 말한다."고 판시하여 지배관리설을 따르고 있다. 그러나 2017. 10. 24. 법률 제14933호로 개정한 산재법은 '업무상 재해 인정기준'(제37조 규정)에 출퇴근 재해를 규정하면서 사업주의 지배관리가 미치지 않는 (대법원 전합 2007. 9. 28. 선고 2005두12572 판결) '그 밖에 통상적인 경로와 방법으로 출퇴근하는 중 발생한 사고'를 추가하여 '지배·관리설'보다 더 넓게 업무상 재해를 인정하고 있다. 즉, 근로시간으로 인정되지 않는 행사 관련 시간, 휴게시간, 출퇴근 시간에 발생한 사고에 대해서도 업무상 재해를 인정하여 재해보상 요건인 '업무상'의 시간적 범위는 근로시간보다 훨씬 넓다.

제3장

근로시간 규제

제1절 서설

I. 규제 경과

근로시간을 법률로 규제해야 하는 것인가? 근로자와 사용자의 자율에 맡겨 두면 되지 않는가 하는 생각을 할 수 있다. 우리나라는 헌법 제33조 제3항에 "근로조건의 기준은 인간의 존엄성을 보장하도록 법률로 정한다." 라고 규정하고 있어 근로시간을 법률로 규제하는 것이 문제되지 않는다.

근로조건 규제에 대한 헌법 규정이 없는 미국에서는 이에 대한 많은 논의가 있었다. 1905년 "제과점 주인 로크너 대 뉴욕주 당국(Lochner vs New York)사건"에서 연방대법원은 뉴욕주의 1일 10시간 주60시간 노동제를 규정한 제과점 법령은 수정헌법 제14조가 포괄적으로 규정한 계약의 자유에 위배된다며 위헌 판결하였다.[45] 연방대법원의 이런 기조는 1937년 "웨스트코스트호텔 대 룸 메이드 페리시(West coast Hotel

---

45) 그러나 뉴욕의 영세제빵업자들은 위헌 판결을 받은 지 7년 후인 1912년, 주 정부 관리들의 중재로 제빵노동자의 근무시간을 1일 10시간으로 하는 데 동의하였다.

vs Parrish)사건"에서 연방대법원이 계약의 자유가 절대적인 것은 아니라면서 워싱턴주의 '여성을 위한 최저임금법'이 합헌이라고 판결하면서 일단락되었다. 이후 1938년 공정근로기준법을 연방법으로 제정하였으나 근로시간 규제의 위헌 문제는 제기되지 않았다.

근로시간 규제는 노동법의 출발점으로 대부분 국가에서는 근로시간 중심으로 초기 노동법이 형성되어 왔다. 산업혁명 이후 공장주의로 대변되는 생산방식의 기계화는 장시간 근로를 가져왔으며, 산업화된 국가에서는 장시간 근로로 인한 사회적 부작용에 시달리게 되었다.[46]

ILO가 창립되기 이전인 19세기부터 근로시간 규제는 영국, 독일, 프랑스 등 산업화된 유럽국가들 사이에서 법률의 형태로 나타나기 시작하였다. 흔히 공장법이라고 호칭되는 영국의 「1802년 도제생의 건강과 도의적 의무에 관한 법률(The Health and Morals of Apprentices Act 1802)」의 1일 12시간 상한, 프랑스의 1841년 법률과 1892년 법률에 의한 연소자 및 여성의 1일 근로시간 제한, 독일의 1869년 영업법(Gewerbeordnung)에 의한 근로시간의 규제 등은 근로시간 규제의 초기 형태이며, 이를 바탕으로 각 국가들은 다양한 방식으로 근로시간 규제를 위한 입법 노력을 기울여 왔다.

국제노동입법의 필요성은 로버트 오언(Robert Owen)이 1818년 엑스라샤펠[47] 회의[48]에 참석한 신성동맹제국 전권대사들에게 "불공정 경쟁을 방지하기 위한 근로시간 제한 각서"를 전달한 것을 효시로 1866년

---

46) 김기선 외 앞의 책(각주 9), 31-32면
47) 현 독일의 아헨(프랑스와 국경을 맞대고 있음)
48) 1818년 개최한 나폴레옹 전쟁 전후 처리를 위한 회의

제1회 인터내셔널 대회에서 1일 8시간 근로제가 국제노동운동 강령으로 채택되었다. [49] 1919년에 ILO는 제1호 협약으로 "공업적 사업에 있어 근로시간을 1일 8시간 및 1주 48시간으로 제한하는 협약"을 채택하여 1일 8시간 근로시간제가 국제표준으로 자리 잡게 되었다.

이후 근로시간 단축은 주당근로시간 단축에 초점이 맞추어진다. 1930년 대공황을 겪으면서 대규모 실업이 발생하자 일자리를 만들어내기 위해 1주 40시간 근로제가 거론되었다. ILO는 1935년에 제47호 협약(근로시간을 1주 40시간으로 단축할 것에 관한 협약)을 통해 1주 40시간근로제를 채택하였다. 이 협약은 초기에는 가맹국 비준을 거의 받지 못하였다. 이에 따라 ILO는 1962년 다시 제116호 권고(근로시간 단축에 관한 권고)를 통해 1주 40시간근로제를 '달성해야 할 사회적 기준'이라고 선언하면서 생활수준의 저하 없는 근로시간 단축을 유도하게 된다. 그 결과 1주 40시간근로제는 스웨덴·노르웨이·덴마크 등이 도입하였고 비준국이 점차 늘어나면서 국제기준으로 자리 잡게 되었다. (우리나라는 2011. 11. 비준) [50]

Ⅱ. 규제목적

1. 건강 보호와 문화생활 보호

---

49) 이를 전후하여 개별 국가로서 호주, 뉴질랜드에서 부분적으로 1일 8시간 근로제를 도입하였다.
50) 하갑래, 앞의 책(각주 36), 359면

공장법에서 근로시간을 규제한 취지는 공장법 전체의 취지와 같이 "심각한 양상에 빠진 직공(職工)의 육체적 마멸(磨滅)을 방지"하는 것이었다. 즉, 법의 취지는 어느 정도 취약한 근로자(연소자와 여자)에 한정하여 건강을 확보하는 것이었다. 공장에서의 근로는 집단적·일률적인 근무방식이 대부분이고, 성인남성과 혼재되면 연소자나 여성에게는 가혹한 노동이 된다. 이에 성인 남성 이외에는 특별한 보호가 필요하였다. 현행 근로기준법 제5장 「여성과 소년」 관련 규정이 여기에 해당한다.

제2차 세계대전 후의 노동법은 근로시간 규제를 성인남성도 포함하여 적용대상의 확대, 연차 유급휴가 규정의 도입 등으로 근로시간을 규제하는 취지는 보다 넓어져서 '문화생활의 보호'가 목적이 되었다.[51]

2. 일과 가정의 양립 지원

1980년대 이후 전통적으로 남성은 직장생활을 하고 여성은 가사와 육아를 전담하던 패러다임이 크게 변하였다. 이에 따라 여성들의 경제활동이 크게 증대하였다. 근로자들의 의식이 자연적으로 '일 중심'에서 '가정과의 균형'을 중시하게 되었다. 이에 발맞추어 1988년 '남녀고용평등법'을 제정하여 '육아휴직제도'를 도입하고 2007년 동법의 명칭을 '남녀고용평등과 일·가정 양립지원에 관한 법률'로 명칭을 변경하고 '배우자 출산휴가 제도', '육아기 근로시간 단축제도'를 도입하였다. 이는 근로시간을 규제하는 목적이 건강 확보에서 일과 가정의 양립으로 이행함을 보여준다.

---

51) 오우치 신야 저, 이승길 역, 『근로시간 제도개혁』, 박영사, 14면

이들 규제의 특징은 일과 가정 양립의 시간 배분을 개인의 선택에 맡긴다는 것이다. 따라서 이들 제도에서 근로시간 제한은 사용자의 무조건적 의무가 아니라 근로자가 권리로서 행사하는 경우에 사용자가 그 조건에 따라 의무를 지도록 하고 있다.

3. 일자리 나누기

1840년대 영국 노동운동지도자들은 근로시간을 단축함으로써 과잉생산에 따른 경기변동을 예방할 수 있다고 주장하였다.[52] 신조합주의자들은 실업을 극복하는 수단으로 8시간 노동제를 주장하였고 톰 맨은 1886년에 이러한 견해를 담은 팸플릿을 출판했다.[53] 이에 비추어 볼 때 근로시간 단축이 일자리 나누기에 유효할 것이라는 생각은 산업화 초기부터 있었다.

근로시간 단축을 일자리 나누기의 일환으로 시행 나라는 1930년대 미국이다. 미국은 당시 대공황을 극복하기 위해 1938년 공정근로기준법을 제정하여 1일 근로시간을 8시간으로 정하고 이를 초과하는 근로시간에 대해서는 50% 가산율을 곱한 임금을 추가하여 지급하도록 하였다. 프랑스는 1998/2000년에 일자리 나누기와 실업대책으로 1주 35시간제를 도입하였다.

근로시간을 얼마나 단축하는 것이 일자리 나누기 대책인지는 명확하지 않다. 우리나라는 1998년 경제위기를 맞아 실업극복을 위한 일자리

---

52) 이영석, 『산업혁명과 노동정책』, 한울아카데미, 1994. 167면
53) G.D.H.콜 지음, 김철수 옮김, 『영국노동운동의 역사』, 책세상, 2012, 341면

나누기 차원에서 주40시간제 도입 논의가 시작되었으나 근로기준법 개정과정에서 법 개정 목적을 '일과 생활의 조화'라는 새로운 패러다임을 실현시킬 목적으로 변경한 것으로 봐서 주40시간제는 일자리나누기로 인정하지 않는 것으로 보인다. 프랑스의 주35시간제 입법은 일자리 나누기라는 데 대체로 동의하는 것으로 보인다.

따라서 현재까지 우리나라에서 일자리 나누기를 목적으로 한 근로시간 단축은 없었다고 할 것이다.

III. 우리나라의 근로시간 단축

1953년 근로기준법을 제정하면서 1일 8시간 근로제와 1주 48시간 근로제를 도입하였다.

1989년 근로기준법을 개정하여 1주 44시간 근로제를 도입하였다.

1998년 경제위기를 맞아 일자리나누기 차원에서 근로시간 단축에 대한 논의가 시작되었다. 법 개정 논의 과정에 목표를 변경하여 '일과 생활의 조화'라는 새로운 패러다임을 실현시킬 목적으로 2004년 7월 1일부터 1주 40시간 근로제가 도입되었다. 1주 40시간 근로제는 업종과 규모에 따라 단계적으로 시행되다가 2011년 7월 1일부터 상시근로자 5명이상 사업장에 시행되고 있다.

제2절 우리나라 근로시간제도

Ⅰ. 개설

근로자의 건강 보호 및 인간다운 생활을 보장하기 위한 근로시간 규제는 단순히 근로하는 시간만을 규제하는 것으로는 근로시간 단축 취지를 살리는 데는 부족한 점이 있다. 근로시간에 대한 입법규제는 근로시간뿐만 아니라, 휴게·휴식·휴일·휴가 등을 함께 규제함으로써 그 취지를 살릴 수 있을 것이다.

Ⅱ. 근로시간 규제 내용

1. 근로시간 상한 규제

근로시간의 상한은 1주 40시간, 1일 8시간으로 정하고 있다. 당사자가 합의한 경우 1주 12시간의 연장근로를 할 수 있다.

2. 연장근로

1주 12시간의 연장근로는 당사자 간 합의만 있으면 가능하며 특별한 사유에 의한 제한은 없다. 특별한 사정이 있으면 고용노동부 장관의 인가와 근로자의 동의를 받아 앞의 연장근로시간을 더 연장할 수 있다.

3. 휴일, 휴게, 휴식 규제

1) 1주일에 평균 1회 이상의 유급휴일을 보장하여야 한다. 또한 '관공서 공휴일에 관한 규정'상 공휴일(일요일 제외) 및 대체공휴일을 유급으로 보장하여야 한다.

2) 사용자는 근로시간이 4시간인 경우에 30분 이상, 8시간인 경우에 1시간 이상의 휴게시간을 근로시간 도중에 주어야 한다.

3) 3개월을 초과하는 탄력적 근로시간제와 1개월을 초과하는 정산기간을 정한 선택적 근로시간제를 도입하는 경우 및 법 제59조의 규정에 의해 근로시간 및 휴게시간의 특례가 인정되는 운송업 및 보건업의 경우 근로일 종료 후 다음 근로일 개시 전까지 11시간 이상의 휴식시간을 주어야 한다.

4. 야간근로

야간근로는 22시부터 익일 06시까지의 근로를 말하며 남성 성인근로자의 경우 야간근로에 대한 특별한 규제는 없다. 18세 이상의 여성을 야간근로 시키려면 그 근로자의 동의를 받아야 한다. 임산부와 18세 미만자는 야간근로를 시키지 못한다. 그러나 해당근로자의 동의(임부의 경우 명시적인 청구)가 있고 고용노동부장관의 인가를 받은 경우는 예외로 한다. 야간근로는 산업안전보건법상 특수건강진단 대상 유해인자에 해당하며 사용자는 해당 근로자에 대해 12개월에 1회 이상의 특수건강진단을 실시하여야 한다.

5. 법 위반에 대한 제재

연장·야간 및 휴일 근로의 경우 임금 지급 시 통상임금의 50% 이상을 가산하여 지급하여야 하며 이를 위반 시 3년 이하의 징역 또는 3000만원 이하의 벌금형을 부과한다.

근로시간 규제를 고의로 위반한 경우 2년 이하의 징역 또는 2000만원 이하의 벌금형을 부과한다.

6. 간부근로자 등에 대한 적용제외

법 제63조에 규정된 제1차 산업에 종사하는 근로자, 감시 또는 단속적근로에 종사하는 근로자로서 고용노동부 장관의 승인을 받은 근로자, 관리·감독업무 또는 기밀을 취급하는 업무에 종사하는 근로자는 근로시간, 휴게와 휴일에 관한 규정을 적용하지 아니한다.

III. 우리나라 법의 특징

우리나라는 1일 근로시간(8시간) 및 1주 근로시간(주40시간) 상한을 두고 있으며 이를 초과하는 연장근로를 하는 경우 사용자에게 통상임금의 50%를 가산하여 지급하도록 하고 있다. 가산임금을 지급하지 않을 경우 근로시간을 위반하는 경우보다 더 엄하게 처벌하고 있다.

1주 근로시간의 상한은 연장근로 포함 52시간이며 근로자대표와의 서면 합의에 의하여 6개월 이내의 탄력적 근로시간 제도를 인정하고 있다. 연장근로시간에 대한 연간의 상한은 없다.

근로시간 규제를 위반하는 경우 2년 이하의 징역 또는 2천만원 이하의 벌금을 부과하도록 규정하고 있다. 이는 다른 나라에 비해 엄격한 규정이다. 일본의 경우 6개월 이하의 징역에 처하는 자유형이 있으나 그 외 선진국은 자유형은 없고 벌금과 과료(科料)형을 규정하고 있다.

제3절 주요국가의 근로시간 규제 제도

Ⅰ. ILO

1. 근로시간 상한 규제

ILO는 제1호 '근로시간(공업부문) 협약(1919)'과 제30호 '근로시간(상업 및 사무직) 협약(1930)'에서 근로시간을 1일 8시간, 1주 48시간으로 제한하고 있다. 이후 제47호 '주 40시간 협약(1935)'이 채택되었다. 제116호 '근로시간 단축권고(1961)'에서는 임금의 감소 없이 점진적으로 근로시간을 단축하는 것이 지속적으로 논의되어야 한다고 선언하고 있다. 그리고 근로시간의 결정은 각 회원국 및 산업별로 1주 단위로 결정하는 것이 가장 합리적이라고 규정하였다(제12조 및 제13조). 이 권고에 따라 ILO에서 1일·1주의 근로시간 문제는 각 국가에서 지속적으로 추구하여야 하는 위임사항으로 분류하였다.

2. 연장근로

연장근로에 대해서는 특별한 사유가 있을 때 허용하는 사유제한을 하고 있으며 연장근로시 25%의 가산임금을 지급하도록 규정하고 있다(1호 협약 제6조 제2항, 제30호 협약 제7조 제4항). 연장근로 한도에 대한 1일·1주 기준을 별도로 두고 있지 않으며, 이에 대한 설정은 회원국의 유관기관에 위임하고 있다.

3. 휴식

ILO국제기준은 기본적으로 휴식과 관련하여 휴게 및 일간 휴식(daily rest)은 규율하고 있지 않으며, 주휴일과 연차휴가만을 별도의 협약으로 규율하고 있다.

주휴일에 관한 국제기준으로는 7일 중 24시간의 연속적 휴식을 규정하고 있는 제14호 '주휴일(공업) 협약(1921)'과 제106호 '주휴일(상업 및 사무직) 협약(1957)' 7일 중 36시간의 연속적 휴식을 규정하고 있는 제103호 '주휴일(상업 및 사무직)권고(1957)'가 있다.

위 원칙에는 예외가 있으며 이때에는 '보상 휴식', '주휴일 대체' 등의 제도로 보완하고 있다.

4. 근로시간 적용제외

ILO는 협약 및 권고에서 예외 및 적용방식의 제외의 특정한 사유에 대하여 각 국가의 권한 있는 기관이 국내 법령 및 관행에 합치하는 방향으로 예외를 설정할 수 있도록 하고 있다.

Ⅱ. 유럽연합(EU)의 근로시간 지침

1. 근로시간 상한 규제

1일 근로시간 상한 규정은 없으며, 1주 근로시간은 연장근로를 포함해 48시간을 초과하지 못하도록 하고 있다. 그러나 4개월 이하의 단위기간을 평균하여 1주의 근로시간이 48시간 이내의 상한도 허용하고 있다.

2. 연장근로

연장근로에 대해서는 별도의 규정이 없다.

3. 휴식

7일마다 11시간의 휴식에 더하여 연속 24시간 이상의 주휴일을 부여해야 한다. 필요 시 14일 이하의 기간 마다 연속 24시간 이상의 주휴일을 2차례 부여해도 된다.

6시간을 초과하는 근로일에는 휴게를 부여해야 한다. 그 시간 등 구체적인 내용은 국내법으로 정하도록 회원국에 위임하고 있다.

1일(24시간)에 연속 11시간 이상의 휴식을 부여해야 한다.

4. 야간근로

야간근로자[통상 근로시간 중 3시간 이상이 야간(야간 0시~오전 5시를 포함한 7시간 이상의 시간대)인 근로자]에게 통상 근로시간이 24시간 단위로, 평균 8시간을 초과해서는 안되고, 무료 건강검진을 실시해

야간근로로 건강에 장해가 있다면 배치전환 해야 한다.

5. 간부근로자에 대한 적용제외

'간부관리자' 그 밖에 '독립된 결정 권한을 가진 자'에 대해서는 ①연속 11시간 이상의 휴식, ② 1주의 근로시간 상한, ③ 야간근로시간의 상한 규제 등의 적용을 하지 않고 있다.

III. 일본

1. 근로시간의 상한 규제

법정 근로시간은 1주 40시간, 1일 8시간으로 정하고 있다. 여기서의 근로시간은 휴게시간을 제외한 시간이다.

2. 연장근로

일본은 연장근로시간에 대한 상한은 존재하지 않는다. 연장근로는 다음의 경우에 상한 없이 실시할 수 있다.

먼저 노동기준법 제33조 제1항 본문에서 정하고 있는 재해·기타 피할 수 없는 사유에 의하여 임시적인 필요가 있어서 행정관청의 사전 허가를 받은 경우이다.

다음으로 당해 사업장에서 근로자 과반수로 조직된 노동조합이 있는 때에는 그 노동조합, 그러한 노동조합이 없는 경우에는 근로자의 과반수를 대표하는 자와의 서면에 의한 협정을 하여 이를 행정관청에 신고한 경우이다. 다만 갱내근로 등 건강상 특히 유해한 업무에 종사하는 경우에는 근로시간의 연장은 1일에 2시간을 넘을 수 없다.

일본의 노동기준법은 연장근로 상한에 대한 법적 제한은 두고 있지 않으나, 장시간 근로를 방지하기 위하여 후생노동대신이 연장근로의 한도에 관한 기준을 정할 수 있도록 하고 있다. 이 후생노동대신의 기준은 법적 효력이 없기 때문에 당사자가 이 기준에 어긋나는 연장근로 협정을 체결한다 해도 그 협정의 효력에는 문제가 없고, 양 당사자에 대해서 아무런 행정적, 형벌적 제재도 존재하지 않는다.

3. 휴일, 휴게, 휴식 규제

1) 1주에 적어도 1일 이상 휴일을 부여해야 한다. 그러나 4주간을 통산하여 4일 이상의 휴일을 부여하는 것도 가능하다.

2) 사용자는 근로시간이 6시간을 초과하는 경우에는 45분, 8시간을 초과하는 경우에는 1시간의 휴게시간을 주어야 한다. 휴게시간은 일제히 주어야 한다. 그러나 과반수 노동조합이나 과반수 근로자대표와 서면 협정을 한 경우에는 협정 내용에 따라 달리 줄 수 있다.

4. 야간근로(일본식 표현으로 '심야근로')

일본의 야간근로는 오후 10시부터 다음날 오전 5시까지의 근로를 말한다. 성인남자 근로자에 대해서는 특별한 규제가 없다. 만 18세 미만의 근로자에 대해서는 야간 근로를 금지하고 있다. 다만, 교대제에 사용되는 16세 이상의 남성은 예외이다. 또한, 임산부가 야간근로의 면제를 청구하는 경우에는 야간근로를 시킬 수 없다.

5. 법 위반에 대한 제재

연장근로 시 통상임금의 25%를 가산한 임금을 지급하여야 한다. 1개월에 60시간을 넘는 시간에 대해서는 통상임금의 50%를 가산한 임금을 지급해야 한다. 동 시간에 대해서는 휴가로 대체할 수 있다.

휴일근로 시 통상임금의 35%를 가산한 임금을 지급하여야 한다. 연장근로와 휴일근로가 중복될 경우 할증률도 중복되는가에 대해 행정해석은 중복되지 않는다고 한다.

야간근로 시 통상임금의 25%를 가산한 임금을 지급하여야 한다.

근로시간 규제를 위반한 경우 6개월 이하의 징역 또는 30만엔 이하의 벌금에 처한다.

6. 간부근로자 등에 대한 적용제외

노동기준법 제41조에 규정된 제1차 산업 종사 근로자, 감독 또는 관리의 지위에 있는 자 및 기밀 사무를 취급하는 자, 감시 또는 단속적 근로에 종사하는 자로서 사용자가 행정관청의 허가를 받은 자는 근로시간, 휴게, 휴일에 관한 규정의 적용을 배제하고 있다.

IV. 미국

1. 근로시간의 상한 규제

미국의 공정근로기준법(Fair Labor Standard Act: 약칭은 FLSA) 제7조는 사용자는 근로자를 통상임금 50%를 가산한 임금을 지급하지 않으면 1주 40시간을 초과해 근로자를 사용할 수 없도록 하고 있을 뿐 다른 규제는 없다.[54) 또한 주 40시간의 규제는 일정한 요건 아래에서 단체협약에 의한 탄력적 근로시간제(26주와 52주 단위)를 인정하고 있다.

2. 위반에 대한 제재

주40시간제와 관련 장관이 공표한 법규나 명령을 위반한 경우 또는 가산임금을 고의적으로 지급하지 않을 경우에는 10,000달러 이하의 벌금 또는 6개월 이하의 징역에 처한다. 다만 초범일 경우에는 징역형에 처하지 못하도록 규정하고 있다(법 제16조).

3. 화이트칼라(이하 "사무직"이라 한다) 근로자의 적용제외

사무직 근로자에 대하여 근로시간 규제의 적용제외(exemption)를 인정하고 있다. 상세한 내용은 연방노동부가 규칙으로 정하고 있다. 기본적 판단기준은 임금액, 임금의 지급방법, 직무의 3가지이다. 2012기준 판단기준은 아래와 같다.

첫째, 임금액은 '임금 수준 테스트'라고 한다. 주 455달러 이상이어야

---

54) 근로시간 규제법은 주(州)소관이기 때문에 주별로 규제를 하고 있다.

한다. 연수입이 10만 달러 이상인 경우에는 이하의 직무테스트 요건을 크게 완화해 대분의 경우에 적용제외를 인정하고 있다.

둘째, 임금의 지급방법은 '임금기준 테스트'라고 한다. 주 단위 이상 어떤 일을 하고 있으면, 일정한 최저보장 임금이 있어야 한다. 근로의 질이나 양이 부족한 것을 이유로 감액이 있는 경우에는 이 기준을 통과하지 못한다. 하지만 허용되는 감액도 있어 여기에 해당하는지 여부와 관련한 많은 분쟁이 발생하고 있다.

셋째, 직무는 '직무테스트'라고 한다. 관리 직무, 전문 직무, 운영 직무 중 어느 하나에 해당해야 한다.

V. 독일

1. 근로시간의 상한 규제

근로시간법 제3조에서 1일의 근로시간은 8시간을 초과하지 못하도록 규정하고 있다. 그러나 1주 단위 법정 근로시간 규정은 두고 있지 않다. 1년의 근로시간에 대한 법적 상한 기준은 6일×8시간=48시간×48주간 (1년 52주에서 법정 휴가 4주를 제외함)=2,304시간으로 정하고 있어 이에 비추어 보면 주당 근로시간 상한은 48시간이다.

6개월 또는 24주 이내의 기간을 평균하여 1일의 근로시간이 8시간을 초과하지 않으면 1일의 근로시간은 10시간까지 연장할 수 있다.

2. 연장근로

독일의 경우는 12개월을 평균하여 1주의 근로시간이 48시간을 초과하는 연장근로는 허용되지 아니한다.

다음의 경우에 연장근로가 허용된다. ① 단체협약 또는 단체협약상 허용하는 서면 합의가 있는 경우, ② 유해업무 ③ 특별한 사정이 있거나 감독 행정관청의 승인 또는 법규명령이 있는 경우이다.

연장근로에 대해 법상 가산임금을 규정하고 있지 않으며 단체협약 또는 사업장 협약으로 정하도록 하고 있다.

3. 휴일, 휴게, 휴식 규제

1) 일요일·공휴일을 휴일로 규정하고 있다. 일요일 및 공휴일의 근로는 법이 정한 경우(긴급업무, 구급업무, 소방업무 등)로 평일에 행할 수 없는 경우에만 인정된다. 소매업의 영업은 평일 및 토요일 06시~20시로 제한하고, 일요일과 공휴일(법정 축제일)의 영업을 금지한다(폐점법).

2) 휴게는 근로시간이 6시간을 초과해 9시간까지는 30분 이상, 9시간을 초과 시에는 45분 이상을 근로시간 도중에 부여하여야 한다. 휴게시간은 최소 15분 이상의 휴게로 나누어 부여할 수 있다. 휴게시간 없이 6시간 연속하여 근로를 제공해서는 아니 된다.

3) 1일의 근로시간을 종료한 후에 연속 11시간 이상 휴식이 보장되어

야 한다.

4. 야간근로

야간이란 23시~06시를 말하고, 그중 2시간 이상의 근로를 '야간근로'라 한다. 야간근로자란 교대제 근무에서 통상 야간근로에 종사하는 자 또는 1년 동안에 48일 이상 야간근로에 종사하는 근로자를 말한다. 야간 근로자는 1일의 근로시간이 8시간을 초과해서는 안 된다. 1개월 이내 또는 4주간 이내의 평균이 1일 8시간을 초과하지 않는 경우에만 1일 10시간까지 근로할 수 있다.

5. 법 위반에 대한 제재

최장 근로시간 규제 등 근로시간의 규제를 고의 또는 과실로 위반한 경우 15,000유로달러 이하의 과료(科料)를 부과한다. 고의로 건강이나 노동력에 위협을 미친 경우에는 1년 이하의 자유형 또는 벌금형에 처한다.

6. 간부근로자에 대한 적용제외

사업조직법 제5조 제3항의 고위관리직 직원 및 병원의 고위직 의사, 공공관청의 장 및 대리, 인사에 관한 사항에 독자적 판단권한이 있는 공공서비스 분야의 근로자, 위탁된 자와 동거하며 자기 책임으로 교육, 요양 및 간호를 하는 근로자, 교회 및 종교단체 예배의 경우에는 근로시간 규제의 적용을 받지 아니한다.

Ⅵ. 프랑스

1. 근로시간의 상한 규제

 법정 근로시간은 주35시간이다. 1일의 법정 근로시간은 정함이 없다. 주35시간을 초과하는 연장근로는 연간 한도 근로시간 범위 내에서 실시한다. 연간 연장근로 가능 시간은 단체협약으로 정하며 단체협약이 없는 경우 220시간이다.

 법정 근로시간과는 별도로 최장 근로시간이 있다. 1일 10시간(단체협약에 규정이 있으면 12시간), 1주 48시간이다. 또한 어느 연속한 12주를 평균하여 1주 44시간을 초과해서는 안 된다. 최장 근로시간을 초과하는 근로는 예외적으로 근로감독관의 허가를 받으면 1주 60시간까지 가능하다.

2. 가산임금

 법정근로시간을 초과하는 연장근로는 최초 8시간은 기본임금과 기본임금과 동일시 할 수 있는 수당을 합한 금액의 25%를 가산한 임금을 지급해야 한다. 8시간을 초과하는 경우에는 50%의 가산임금을 지급해야 한다. 단체협약에 법정과 다른 가산임금을 정할 수 있지만, 이 경우에도 10% 이상이어야 한다. 연장근로가 연간 한도 시간을 초과하는 경우에는 의무적 보상휴식을 주어야 한다.

 가산된 임금의 전부 또는 일부는 단체협약상 '대체휴가'를 부여하고 가산임금을 지급하지 않을 수 있다.

3. 근로시간 포괄약정

근로시간 포괄약정제는 일정 단위기간 동안의 총 근로시간 또는 총 근로일수와 그에 대한 임금을 포괄적으로 약정할 수 있는 제도이다. 모든 근로자에게 적용 가능한 주 또는 월 단위 포괄약정제와 특정 근로자에게만 적용되는 연 단위 포괄약정제가 있다.

주 또는 월 단위 근로시간 포괄약정제는 연장근로가 통상적으로 이루어지는 경우에 일정한 연장근로시간을 포함하는 근로시간을 주 또는 월 단위로 포괄적으로 약정할 수 있다. 이러한 포괄약정제 실시는 근로자와 사용자 간의 서면 합의를 요건으로 한다. 근로시간 포괄약정에 따른 포괄임금은 약정한 총 근로시간에 대하여 지급하는 통상적 임금과 연장근로시간에 대한 가산임금을 더한 금액 이상이어야 한다.

연 단위 포괄약정제는 연간 근로시간 또는 근로일수와 그에 대한 임금을 포괄적으로 약정하는 제도로서, 그 실시를 위해서는 단체협약이 사전에 체결되어야 하고, 단체협약에는 적용대상 근로자의 범주, 연간 근로시간 또는 근로일수, 약정의 주요사항을 규정하여야 한다.

연간 근로시간 또는 근로일수 포괄약정 대상자는 관리직 근로자, 근로시간의 배분·사용에 실질적 재량을 갖는 근로자이다. 연간 근로일수 포괄약정근로자의 연간 근로일수는 218일을 초과할 수 없다. 그러나 근로자가 원하는 경우에는 휴식을 포기하고 218일을 초과하는 추가근로를 할 수 있다. 추가근로에 대하여는 할증임금이 지급되어야 하고, 할증률은 10%를 밑돌지 않는 범위에서 근로자와 사용자가 자유롭게 정할 수 있다.

4. 휴일, 휴게, 휴식 규제

1) 1주에 6일을 초과하는 근로는 금지되며, 주휴일은 연속 24시간 이상이어야 한다. 근로자의 이익을 위하여 일요일은 주휴일이 된다. 일요일 근로는 긴급작업 및 병원, 식료품판매업, 관광지 소매점 등 일부업종만 가능하며 점차 그 범위가 넓어지고 있다. 연간 총 11일의 법정 축일 휴일이 있으며 18세 미만 근로자의 근로가 금지된다. 18세 이상 근로자는 법정축일의 휴식이 법으로 보장되어 있지 않다. 법정축일 근로 시 가산임금지급도 강제하지 않는다.

2) 1일의 근로시간이 6시간을 초과하면 20분 이상의 휴게시간을 주어야 한다.

3) 1일의 근로시간을 종료한 후에 연속 11시간 이상 휴식이 보장되어야 한다.

5. 야간근로

야근근로는 원칙적으로 21시~06시에 근로하는 것을 말한다. 야간근로자는 원칙적으로 통상의 근로시간에서 주 2회 이상, 야간근로를 3시간 이상 행하는 근로자이다. 야간근로자의 근로시간의 상한은 8시간이다. 또한 어느 연속하는 12주 평균 1주 40시간을 초과해서도 안 된다. 야간근로자에게는 유급 휴식이 부여되고 금전보상(가산임금)이 추가되며 이는 단체협약으로 정한다. 야간근로시간 대비 유급휴식 부여의 비율은 단체협약에 따라 야간근로시간의 1%(경비), 8%(체인카페테리아), 12.5%(애니메이션) 등 직종에 따라 다르다. 가산임금은 임의적인 사항이다.

6. 법 위반에 대한 제재

근로시간 규제(최장 근로시간 등)에 위반한 경우에는 벌칙 중에서 가장 가벼운 부류인 위경죄(違警罪, contravention, 경찰죄)의 제4급으로 규정된 벌금을 적용한다.

7. 관리직 직원에 대한 적용제외

관리직 직원 중에서도 '경영간부'는 근로시간 규제의 적용제외가 된다. 여기서의 경영간부는 그 시간을 이용하는 데 큰 독립성을 필요로할 만큼 중대한 책임을 지고(자율성), 폭넓게 독립적인 결정권한을 가지고(독립성), 동시에 그 기업 내지 사업장에서 임금체계 중에서 최고수준의 임금을 받는 자(고임금)이다.

제4절 우리나라 근로시간 규제의 특징 및 검토의견

Ⅰ. 근로시간 규제의 특징

1. 근로시간 상한 규제

대부분의 선진국이 근로시간 상한을 주 단위(주40시간)로 정하고 있음에 반해 우리나라는 일 단위(1일 8시간)로도 정하고 있다.

2. 연장근로

미국은 연장근로 상한 규정이 없고 프랑스, 독일, 일본 등은 단체협약으로 근로시간 상한을 정하도록 노사당사자에게 협약자율을 인정하고 있다.

이에 반해 우리나라는 법으로 연장근로 상한(1주 12시간)을 정하고 있다. 임금가산율도 통상임금의 50%로 미국과 함께 가장 높다(일본 25%, 1개월 60시간 초과 시 50%, 프랑스 25%, 주당 8시간 초과 시 50%).

3. 휴일 · 휴게 · 휴식 규제

1) 우리나라는 1주 1일의 주휴일 외에 '관공서 공휴일에 관한 규정'상 공휴일(일요일 제외) 및 대체공휴일을 유급으로 보장하도록 규정하고 있다.

   비교대상국 중 휴일을 법으로 유급으로 정한 나라는 없으며 주휴일을 제외한 공휴일에 대해 가산임금을 지급하도록 한 나라도 없다. 프랑스의 경우 법정축일 휴일이 있으나 18세 미만 근로자의 근로가 금지될 뿐이다. 가산임금 지급도 강제하지 않는다.

2) 우리나라는 휴게시간 적용 근로시간 단위가 가장 짧다. 우리나라는 4시간에 30분의 휴게시간을 주도록 하고 있으나, 일본은 6시간에 45분, 독일은 6시간에 30분, 프랑스는 6시간에 20분의 휴게시간을 주도록 하고 있다. 미국의 경우는 휴게시간 규정이 없다.

3) 1일 11시간의 휴식 시간 규제는 비교대상 국가 모두 규정하고 있다.

4. 야간근로

우리나라는 야간근로시간이 22시부터 06시까지로 프랑스(21시부터 06시) 다음으로 길다. 일본은 22시부터 05시까지, 독일은 23시부터 06시까지를 야간 근로시간으로 정하고 있다.

야간근로에 대한 가산임금률은 우리나라가 50%로 가장 높다. 일본은 25%로 정하고 있고, 독일, 프랑스는 단체협약으로 정하도록 하고 있다.

5. 법 위반에 대한 제재

우리나라는 근로시간 규제 규정 위반 시 2년 이하의 징역 또는 2,000만 원 이하의 벌금형을 규정하고 있다. 이에 비해 일본은 6개월 이하의 징역 또는 30만 엔 이하의 벌금형을, 미국은 6개월 이하의 징역 또는 10,000달러 이하의 벌금형을, 독일은 15,000유로 달러 이하의 과료를, 다만 고의로 근로자의 건강이나 노동력에 위협을 미친 경우에 1년 이하의 자유형 또는 벌금을, 프랑스는 가장 가벼운 벌금형을 규정하고 있다. 따라서 우리나라의 처벌 규정이 가장 엄격하다.

II. 검토의견

위에서 살펴본 바와 같이 우리나라의 근로시간 규제는 비교대상 선진국에 비해 엄격함을 알 수 있다. 위반 시 형벌도 가장 무겁다. 따라서 선진국과 같이 근로시간 규제를 완화할 필요가 있다.

먼저, 근로시간 규제의 유연화이다. 근로시간 상한규제는 1주 40시간, 1일 8시간 원칙이며 1주에 12시간의 연장근로를 할 수 있도록 하고 있다. 따라서 1주에 근로할 수 있는 최장 근로시간은 52시간이다. 주간(週間)근로시간 및 1일 근로시간의 유연한 사용이 가능하도록 '탄력적 근로시간제' 및 '선택적 근로시간제'를 규정하고 있다. 이들 제도를 도입하였을 경우 1일 8시간을 초과하여 근로하여도 처벌되지 않는다. 이에 비춰보면 1일 8시간 근로제 위반 시 가벌성은 높지 않다는 것을 알 수 있다.

2021. 1. 5. (법률 제17862호, 시행 2021. 4. 6.) 법 제51조의 2에 3개월을 초과하는 탄력적 근로시간제를 도입하면서 제2항에 11시간의 연속휴식시간을 주도록 하여 1일 최장 근로시간이 12시간[24시간-1시간(휴게시간)-11시간(휴식시간)]을 넘지 못하도록 규정하고 있다. 선택적 근로시간제에서도 11시간 연속 휴식시간을 주도록 규정하고 있다. 이는 1일 최장 근로시간을 12시간으로 규제하는 것으로 이를 위반 시 벌칙을 규정하고 있다.

따라서, 1일 8시간 규제 조항(법 제50조 제2항)까지 처벌규정을 둘 필요성은 낮다고 본다.

그리고 '탄력적 근로시간제'의 경우 근로자대표와 합의하더라도 특정 주의 근로시간은 52시간을, 특정한 날의 근로시간은 12시간을 초과할 수 없도록 규정하고 있다. 3개월을 초과하는 탄력적 근로시간제의 경우 11시간의 연속 휴식시간 제도를 규정하고 있으므로 3개월 이내의 탄력적 근로시간제에도 1일 11시간의 연속휴식제도를 도입하고 단위기간 전체를 평균하여 1주 40시간(1주 12시간의 연장근로 별도)을 초과하지 않는 범위 내에서 노사가 합의로 일별 근로시간을 정할 수 있도록 하여도 근로자의 건강보호에는 큰 문제가 없다고 본다. 이는 과로로 인해 산업재해가 인정되는 질병은 뇌혈관 질병 또는 심장질병으로 이들 질병을 산업재해로 인정하는 기준은 ① 발병 전 12주 동안 업무시간이 1주 평균 60시간을 초과하는 경우, ② 발병 전 12주 동안 1주 평균 업무시간이 52시간을 초과하는 경우에는 업무시간이 길어질수록 업무와 질병과의 관련성이 증가하는 것으로 평가하도록 규정(2020.12.29. 고용노동부 고시 제2020-155호)하고 있음에서도 알 수 있다.

다음으로, 근로시간 규정 위반 시 형량을 낮추고 근로시간 규제 목적에 따라 형량을 달리할 필요가 있다.

근로기준법 위반죄의 처벌은 고의가 있어야 하고(대법원 2007.8.23. 선고 2007도 4171 판결), 사회통념상 가벌성이 있는 것으로 평가되는 경우에 한하여 형사처벌의 대상이 된다(대법원 2008.9.25. 선고 2006도 7233 판결). 대부분의 근로는 당사자간 합의(묵시적 동의 포함)에 의해 이루어지고 근로시간 위반 사항 중 고의가 인정될 수 있는 강제근로에 대하여는 별도의 처벌규정(법 제107조)이 있으므로 일반 근로시간 규제 위반의 경우 가벌성이 높지 않은 경우가 대부분이다. 따라서 선진국과 같이 형량을 대폭 낮춰 강제근로를 제외한 근로시간 위반죄에 대해서는 벌금형으로 하는 것이 제도취지에 맞는다고 본다.

또한, 근로시간 규제 목적이 ① 근로자의 건강 및 문화생활 보호, ② 일과 가정의 양립지원, ③ 일자리 나누기에 있으며 우리나라의 경우 일자리 나누기를 목적으로 하는 규정은 없음을 앞에서 살펴보았다. 관련 형벌 규정을 보면 근로자 건강보호를 목적으로 규정한 산업안전보건법 제139조 규정(잠수작업 등 1일 6시간 근로)위반 시 3년 이하의 징역 또는 3천만원 이하의 벌금에 처하도록 하고 있고(동 법 제169조), 일과 가정 양립지원을 목적으로 규정한 남녀고용 평등과 일·가정 양립지원에 관한 법률 제18조~22조의 4 규정 위반 시 1천만원 이하의 과태료를 부과(동 법 제39조)하도록 규정하여 규제 목적에 따라 형량을 달리하고 있다. 그러나 ① 근로자의 건강 보호와 문화생활 보호, ② 일과 가정의 양립지원 모두를 목적으로 규정한 근로기준법(제50~제75조) 규정 위반 시 제73조 생리휴가를 제외하고는 모두 2년 이하의 징역 또는 2천만원 이하의 벌금에 처하도록 하고 있다.

근로시간 위반에 대해 벌금형으로 형량을 낮추고, 특히 문화생활 보호 목적 규정인 공휴일을 유급휴일로 규정한 법 제55조 제2항 및 제60조 연차 유급휴가 규정 위반 시에는 형벌 대신 과태료를 부과하도록 하는 것이 규정 취지에 맞는다고 본다.

마지막으로, 연장근로 시 임금가산율의 인하이다. 우리나라는 연장근로 시 임금가산율이 통상임금의 50%로 미국과 함께 가장 높다. 일본 25%(1개월 60시간 초과 시 50%), 프랑스 25%(주당 8시간 초과 시 50%), 독일은 법정 가산임금이 없다. 따라서 선진국의 가산율을 감안하여 우리나라 가산율을 25% 정도로 낮추는 것이 타당하다고 본다.

근로시간 관련 규정 및 해설

제1절 적용

Ⅰ. 관련 규정

1. 근로기준법

제11조(적용 범위)

① 이 법은 상시 5명 이상의 근로자를 사용하는 모든 사업 또는 사업장에 적용한다. 다만, 동거하는 친족만을 사용하는 사업 또는 사업장과 가사(家事) 사용인에 대하여는 적용하지아니한다.

② 상시 4명 이하의 근로자를 사용하는 사업 또는 사업장에 대하여는 대통령령으로 정하는 바에 따라 이 법의 일부 규정을 적용할 수 있다.

③ 이 법을 적용하는 경우에 상시 사용하는 근로자 수를 산정하는 방법은 대통령령으로 정한다.

제18조(단시간근로자의 근로조건)

① 단시간근로자의 근로조건은 그 사업장의 같은 종류의 업무에 종사

하는 통상 근로자의 근로시간을 기준으로 산정한 비율에 따라 결정되어야 한다.

② 제1항에 따라 근로조건을 결정할 때에 기준이 되는 사항이나 그 밖에 필요한 사항은 대통령령으로 정한다.

③ 4주 동안(4주 미만으로 근로하는 경우에는 그 기간)을 평균하여 1주 동안의 소정근로시간이 15시간 미만인 근로자에 대하여는 제55조와 제60조를 적용하지 아니한다.

2. 근로기준법 시행령

제7조(적용범위)

법 제11조제2항에 따라 상시 4명 이하의 근로자를 사용하는 사업 또는 사업장에 적용하는 법 규정은 별표 1과 같다.

■ 근로기준법 시행령 [별표 1]

상시 4명 이하의 근로자를 사용하는 사업 또는 사업장에 적용하는 법 규정(제7조 관련)

구분	적용법규정
제4장 근로시간과 휴식	제54조, 제55조제1항, 제63조

제7조의2(상시 사용하는 근로자 수의 산정 방법)

① 법 제11조제3항에 따른 "상시 사용하는 근로자 수"는 해당 사업 또

는 사업장에서 법 적용 사유(휴업수당 지급, 근로시간 적용 등 법 또는 이 영의 적용 여부를 판단하여야 하는 사유를 말한다. 이하 이 조에서 같다) 발생일 전 1개월(사업이 성립한 날부터 1개월 미만인 경우에는 그 사업이 성립한 날 이후의 기간을 말한다. 이하 "산정기간"이라 한다) 동안 사용한 근로자의 연인원을 같은 기간 중의 가동 일수로 나누어 산정한다.

② 제1항에도 불구하고 다음 각 호의 구분에 따라 그 사업 또는 사업장에 대하여 5명(법 제93조의 적용 여부를 판단하는 경우에는 10명을 말한다. 이하 이 조에서 "법 적용 기준"이라 한다) 이상의 근로자를 사용하는 사업 또는 사업장(이하 이 조에서 "법 적용 사업 또는 사업장"이라 한다)으로 보거나 법 적용 사업 또는 사업장으로 보지 않는다.

1. 법 적용 사업 또는 사업장으로 보는 경우: 제1항에 따라 해당 사업 또는 사업장의 근로자 수를 산정한 결과 법 적용 사업 또는 사업장에 해당하지 않는 경우에도 산정기간에 속하는 일(日)별로 근로자 수를 파악하였을 때 법 적용 기준에 미달한 일수(日數)가 2분의 1 미만인 경우

2. 법 적용 사업 또는 사업장으로 보지 않는 경우: 제1항에 따라 해당 사업 또는 사업장의 근로자 수를 산정한 결과 법 적용 사업 또는 사업장에 해당하는 경우에도 산정기간에 속하는 일별로 근로자 수를

파악하였을 때 법 적용 기준에 미달한 일수가 2분의 1 이상인 경우

③ 법 제60조부터 제62조까지의 규정(제60조제2항에 따른 연차 유급
휴가에 관한 부분은 제외한다)의 적용 여부를 판단하는 경우에 해당
사업 또는 사업장에 대하여 제1항 및 제2항에 따라 월 단위로 근로
자 수를 산정한 결과 법 적용 사유 발생일 전 1년 동안 계속하여 5명
이상의 근로자를 사용하는 사업 또는 사업장은 법 적용 사업 또는
사업장으로 본다.

④ 제1항의 연인원에는 「파견근로자보호 등에 관한 법률」 제2조제5호
에 따른 파견근로자를 제외한 다음 각 호의 근로자 모두를 포함한다.

1. 해당 사업 또는 사업장에서 사용하는 통상 근로자, 「기간제 및 단시
간근로자 보호 등에 관한 법률」 제2조제1호에 따른 기간제근로자,
단시간근로자 등 고용형태를 불문하고 하나의 사업 또는 사업장에
서 근로하는 모든 근로자

2. 해당 사업 또는 사업장에 동거하는 친족과 함께 제1호에 해당하는
근로자가 1명이라도 있으면 동거하는 친족인 근로자

II. 해설

1. 근로시간 적용관련

1) 상시근로자 5인 미만

근로기준법은 법 규정 적용에 대해 상시근로자 수 5인 이상인 경우 모든 규정을 적용하고 5인 미만인 경우 시행령에 적용 규정을 위임하고 있다.

근로시간과 관련하여 시행령은 상시근로자 수 5인 미만은 제54조(휴게), 제55조제1항(주휴일), 제63조(적용제외) 규정만 적용하고 있다.

동 조항이 헌법상 평등권 조항 위반이 아니냐는 논의가 있으나 헌법재판소는 헌법에 위반되지 않는다고 한다(헌재 1999. 9. 16. 선고 98헌마 310 결정).

2) 단시간근로자

단시간근로자의 경우 근로시간 규정이 모두 적용된다. 유급휴일수당 등 산정 시 같은 사업장에서 같은 종류의 업무에 종사하는 통상근로자의 근로시간을 기준으로 산정한 비율에 따라 결정한다. 예를 들면 통상근로자의 1일 소정근로시간이 8시간인 사업장에서 1일 4시간씩 근무하는 단시간 근로자의 경우 유급 주휴일 수당은 4시간분의 통상임금이다.

다만 초단시간 근로자(4주 동안을 평균하여 1주 동안의 소정근로시간이 15시간 미만인 근로자)는 제55조(휴일)와 제60조(연차 유급휴가)를 적용하지 아니한다.

2. 상시근로자 수 산정

1) 1개월 평균 근로자 수

먼저 '상시 사용하는 근로자 수'는 해당 사업 또는 사업장에서 법을 적용해야 할 사유가 생긴 날 전 1개월(사업이 성립한 날부터 1개월이 되기 전에 법적용 사유가 생긴 경우에는 그 사업성립 이후의 기간을 말한다. 이하 '산정기간'이라 한다.) 동안 사용한 근로자의 연(延)인원을 같은 기간 중의 가동(稼動)일수로 나누어 산정한다.

2) 예외

위와 같이 근로자 수를 산정한 결과 법 적용 사업 또는 사업장에 해당하지 않더라도 그 산정기간에 속하는 일별로 근로자 수를 파악했을 때 5명에 미달한 일수가 2분의 1 미만인 경우에는 법 적용 사업 또는 사업장으로 본다.

반대로 위와 같이 근로자 수를 산정한 결과 법 적용 사업 또는 사업장에 해당하더라도 그 산정 기간에 속하는 일별로 근로자 수를 파악했을 때 법 적용기준에 미달한 일수가 2분의 1 이상인 경우에는 법 적용사업 사업장으로 보지 않는다.

3. 연차 유급휴가 관련 법 규정 적용에 관한 특칙

연차 유급휴가에 관한 규정 (다만 제60조 제2항 제외) 적용여부를 판단하는 경우에는 위와 같이 월 단위로 근로자 수를 산정한 결과 법 적용 사유 발생일 전 1년 동안 계속하여 5명 이상의 근로자를 사용하는 사업 또는 사업장을 법 적용 사업 또는 사업장으로 본다.

4. 상시근로자 산정 시 일용근로자 및 단시간근로자의 산입 방법

판례(대법원 2008. 3. 27. 선고 2008도364 판결)는 '상시 5인 이상'을 '사회 통념에 의해 객관적으로 판단하여 상태적으로 5인 이상인 경우'라고 하고 있는바 일용근로자의 경우 출근일에만 연인원에 포함된다.

단시간근로자의 경우 근로시간을 감안할 것인지가 문제된다. 상시 5인 이상이라 함은 5인 이상이 소정근로시간 전체를 근로해야만 하는가 하는 것이다. 예를 들면 1일 소정근로시간이 8시간인 사업장에 8시간 근무 근로자 4명, 4시간 근무 근로자 1명이 근로할 경우 상시근로자 수가 5명인지 아니면 4.5명인지가 문제된다. 위 영 제7조2 제4항은 파견근로자를 제외한 기간제 근로자, 단시간근로자를 포함한다고 규정하고 있을 뿐 이에 대해 구체적으로 규정하지 않고 있다. 따라서 앞의 예의 경우 5명으로 보아야 할 것으로 해석된다. 그러나 상시근로자의 규정 취지나 독일의 예(주당근로시간이 20시간 이내 0.5인, 30시간까지 0.75인, 30시간 초과 시 1인으로 계산)에 비춰볼 때 근로시간을 감안하여 계산하는 것이 타당하다고 본다. 따라서 앞의 예의 경우 4.5인이라고 하여야 할 것이다.

제2절 정의

Ⅰ. 관련 규정

【근로기준법】

제2조(정의)

① 이 법에서 사용하는 용어의 뜻은 다음과 같다.

1.2.4.5.6호(생략)

7. "1주"란 휴일을 포함한 7일을 말한다.

8. "소정(소정)근로시간"이란 제50조, 제69조 본문 또는 「산업안전보건
   법」 제139조제1항에 따른 근로시간의 범위에서 근로자와 사용자 사
   이에 정한 근로시간을 말한다.

II. 해설

1. 1주

 1주가 7일이라는 당연한 사실을 왜 법에 정의하였을까. 이는 1주 40시간제 규정 및 1주 12시간의 연장근로제 규정이 휴일근로를 포함하는 것인가 하는 문제에서 비롯되었다. 즉 월요일부터 금요일까지 40시간 근로를 하고 휴일인 일요일에 근로를 하였을 경우 휴일근로 가산임금 외에 연장근로 가산임금도 지급하여야 하는가이다. 이에 대해 행정해석이나 실무에서는 휴일근로 시 연장근로에 해당하더라도 연장근로가산 수당은 지급하지 않아도 되는 것으로 해석하였다. 법원도 최종적으로 대법원 전원재판부(2018. 6. 21. 선고 2011다112391 판결)에서 "입법자의 의사 및 거듭된 관행에 의해 근로관계당사자들 사이에서 일종의 생활규범으로 자리 잡았다."며 행정해석과 같은 판결을 하였다.

 결과적으로 해석으로는 주40시간제 적용 근로시간은 휴일근로를 뺀 것으로 밖에 볼 수 없고 이렇게 해석할 경우 1주 40시간 근로제가 실제에 있어서는 휴일이 1일일 경우 48시간 근로제(휴일 8시간 포함)가 되고 연장근로 12시간을 더할 경우 1주 60시간까지 근로할 수 있으며 휴일이 2일일 경우 68시간 근로가 가능하다고 해석할 수 있어 2018. 3. 20. 근로기준법을 개정(법률 제15513호, 시행 2018. 7. 1.)하여,[55] 위와 같은

---

55) 동 규정은 사업장 규모에 따라 시행일을 달리하고 있으며 상시근로자 수 300명 이상 사용하는 사업장과 공공기관은 2018년 7월 1일, 상시근로자 수 50명 이상 300명 미만을 사용하는 사업장은 2020년 1월 1일, 상시근로자 수 5명 이상 50명 미만을 사용하는 사업장은 2021년 7월 1일부터 적용한다.

해석의 여지를 없앴다.

동 규정 개정 시 근로기준법 제56조도 개정하여 휴일근로와 연장근로 가산임금 규정을 항을 나누어 규정하고 휴일근로와 연장근로 중복 시 8시간을 초과하는 시간에 대해서만 100% 가산임금을 지급하도록 규정하였다.

2. 소정근로시간

소정근로시간은 법정근로시간의 범위 안에서 근로자와 사용자 사이에 정한 근로시간을 말한다. 여기서 법정근로시간은 근로기준법 제50조(성인근로자: 1주 40시간, 1일 8시간), 제69조(연소근로자: 1일 7시간, 1주 35시간), 「산업안전보건법」 제139조제1항(유해·위험 작업: 1일 6시간, 1주 34시간)에 규정한 시간을 말한다.

소정근로시간은 맨 처음 통상임금 산정 도구로 1969. 11. 10 근로기준법 시행령(대통령령 제4220호)에 규정되었으며, 근로기준법에는 1996. 12. 31. 개정 시 처음 규정되었다. 현행법에서는 단시간근로자의 정의(법 제2조 제1항 8호, 18조), 명시해야 하는 근로조건(법 제17조 제1항 2호), 근로시간 계산의 특례(법 제58조 제1항)에 규정되어 있다.

동 규정의 해석과 관련하여 소정근로시간은 법정근로시간을 초과할 수 없다는 것이 행정 해석이고, 학설상 다수설이나 법률 문언상 법정근로시간을 초과하는 것도 가능하다는 해석[56]도 있다.

---

56) 이정한·김진, 『근로기준법 주해 Ⅰ』, 박영사, 2010, 273면

제3절 근로시간

Ⅰ. 근로시간

1. 관련 규정

【근로기준법】

제50조(근로시간)

① 1주 간의 근로시간은 휴게시간을 제외하고 40시간을 초과할 수 없다.

② 1일의 근로시간은 휴게시간을 제외하고 8시간을 초과할 수 없다.

③ 제1항 및 제2항에 따라 근로시간을 산정하는 경우 작업을 위하여 근로자가 사용자의 지휘·감독 아래에 있는 대기시간 등은 근로시간으로 본다.

제69조(근로시간)

15세 이상 18세 미만인 사람의 근로시간은 1일에 7시간, 1주에 35시간을 초과하지 못한다. 다만, 당사자 사이의 합의에 따라 1일에 1시간,

1주에 5시간을 한도로 연장할 수 있다.

【산업안전보건법】

제139조(유해ㆍ위험작업에 대한 근로시간 제한 등)

① 사업주는 유해하거나 위험한 작업으로서 높은 기압에서 하는 작업 등 대통령령으로 정하는 작업에 종사하는 근로자에게는 1일 6시간, 1주 34시간을 초과하여 근로하게 해서는 아니 된다.

2. 해설

1) 법정근로시간[57)]

법정근로시간은 성인근로자의 경우 휴게시간을 제외하고 1주일 40시간, 1일 8시간을 초과할 수 없다. 작업을 위하여 근로자가 사용자의 지휘ㆍ감독 아래 있는 대기시간은 근로시간으로 본다.

연소근로자(15세 이상 18세 미만)의 법정근로시간은 1일 7시간, 1주일에 35시간을 초과하지 못한다.

유해위험작업(잠함, 잠수작업)의 근로시간은 1일 6시간, 1주 34시간을 초과할 수 없다.

---

57) 근로기준법 제50조에 규정한 근로시간을 '법정근로시간'(김형배, 임종률), '법정기준 근로시간'(고용노동부 교육자료, 하갑래), '기준근로시간'(노동법실무연구회)이라고 달리 부르고 있다. 기준이란 용어가 사용되게 된 것은 1987.11.28.개정 전 법 제42조 제1항의 규정이 "1일에 8시간, 1주일에 48시간을 기준으로 한다."라고 한 것에서 비롯된 것으로 보인다. 현재는 법률 문언이 "초과할 수 없다."라고 변경되었으므로 동 시간을 이 책에서는 '법정근로시간'으로 표현하기로 한다.

2) 1주간

1주간의 의미는 일요일부터 토요일까지를 의미하지만, 1주간의 기준일을 반드시 일요일로 할 필요는 없고 근로계약이나 취업규칙, 단체협약 등에 근거하여 특정일을 기준일로 하여 7일간으로 정할 수도 있다(근기 68207-2855, 2000. 9. 19.).

3) 1일

1일은 통상 0시부터 24시까지를 의미하지만 교대제 등으로 24시를 지나 달력상 이틀에 걸쳐 계속 근로하더라도 이는 업무를 시작한 날의 근로로 처리한다(근기 01254-1433, 1991. 10. 5.).

4) '주40시간 근로제'와 '주5일 근무제'

1주 40시간, 1일 8시간을 법정근로시간이라고 할 때 주5일 근로가 당연한 것으로 볼 수 도 있으나, 법 제55조가 1주에 1일 이상을 휴일로 정하고 있으므로 반드시 주5일제를 취해야 하는 것은 아니다. 1일의 소정근로시간을 8시간 미만으로 정할 수 있으므로 5일을 7시간 1일을 5시간으로 근로시간을 정해도 법 위반이 아니다.

주5일근로 시행 시 2일의 휴일이 발생하며 2일 중 1일은 법정 주휴일이 되고 나머지 1일은 휴무일이 된다. 휴무일의 유·무급 여부는 당사자가 정한다.

5) 2개 이상 사업장 근로 시 문제

1일에 a/b 사업장에 각각 5시간씩 근로하였을 경우 1일 8시간 근로규정 위반인가 하는 것이다. 해석상 법 위반이 된다고 본다. 그러나 현실은 어느 사업장 사용자를 처벌할지 등 구체적인 내용에 대해서는 논의가 없으며 실무적으로는 적용에 어려움이 많다.

II. 법정 근로시간의 유연화 제도

1. 탄력적 근로시간제

1) 관련 규정

【근로기준법】

제51조(3개월 이내의 탄력적 근로시간제)

① 사용자는 취업규칙(취업규칙에 준하는 것을 포함한다)에서 정하는 바에 따라 2주 이내의 일정한 단위기간을 평균하여 1주간의 근로시간이 제50조제1항의 근로시간을 초과하지 아니하는 범위에서 특정한 주에 제50조제1항의 근로시간을, 특정한 날에 제50조제2항의 근로시간을 초과하여 근로하게 할 수 있다. 다만, 특정한 주의 근로시간은 48시간을 초과할 수 없다.

② 사용자는 근로자대표와의 서면 합의에 따라 다음 각 호의 사항을 정하면 3개월 이내의 단위기간을 평균하여 1주간의 근로시간이 제50조제1항의 근로시간을 초과하지 아니하는 범위에서 특정한 주에 제50조제1항의 근로시간을, 특정한 날에 제50조제2항의 근로시간을

초과하여 근로하게 할 수 있다. 다만, 특정한 주의 근로시간은 52시
간을, 특정한 날의 근로시간은 12시간을 초과할 수 없다.

1. 대상 근로자의 범위

2. 단위기간(3개월 이내의 일정한 기간으로 정하여야 한다)

3. 단위기간의 근로일과 그 근로일별 근로시간

4. 그 밖에 대통령령으로 정하는 사항

③ 제1항과 제2항은 15세 이상 18세 미만의 근로자와 임신 중인 여성
근로자에 대하여는 적용하지 아니한다.

④ 사용자는 제1항 및 제2항에 따라 근로자를 근로시킬 경우에는 기존
의 임금 수준이 낮아지지 아니하도록 임금보전방안(賃金補塡方案)
을 강구하여야 한다.

제51조의2(3개월을 초과하는 탄력적 근로시간제)

① 사용자는 근로자대표와의 서면 합의에 따라 다음 각 호의 사항을 정
하면 3개월을 초과하고 6개월 이내의 단위기간을 평균하여 1주간
의 근로시간이 제50조제1항의 근로시간을 초과하지 아니하는 범
위에서 특정한 주에 제50조제1항의 근로시간을, 특정한 날에 제50
조제2항의 근로시간을 초과하여 근로하게 할 수 있다. 다만, 특정한
주의 근로시간은 52시간을, 특정한 날의 근로시간은 12시간을 초과
할 수 없다.

1. 대상 근로자의 범위

2. 단위기간(3개월을 초과하고 6개월 이내의 일정한 기간으로 정하여

야 한다)

3. 단위기간의 주별 근로시간

4. 그 밖에 대통령령으로 정하는 사항

② 사용자는 제1항에 따라 근로자를 근로시킬 경우에는 근로일 종료 후 다음 근로일 개시 전까지 근로자에게 연속하여 11시간 이상의 휴식 시간을 주어야 한다. 다만, 천재지변 등 대통령령으로 정하는 불가피한 경우에는 근로자대표와의 서면 합의가 있으면 이에 따른다.

③ 사용자는 제1항제3호에 따른 각 주의 근로일이 시작되기 2주 전까지 근로자에게 해당 주의 근로일별 근로시간을 통보하여야 한다.

④ 사용자는 제1항에 따른 근로자대표와의 서면 합의 당시에는 예측하지 못한 천재지변, 기계 고장, 업무량 급증 등 불가피한 사유가 발생한 때에는 제1항제2호에 따른 단위기간 내에서 평균하여 1주간의 근로시간이 유지되는 범위에서 근로자대표와의 협의를 거쳐 제1항제3호의 사항을 변경할 수 있다. 이 경우 해당 근로자에게 변경된 근로일이 개시되기 전에 변경된 근로일별 근로시간을 통보하여야 한다.

⑤ 사용자는 제1항에 따라 근로자를 근로시킬 경우에는 기존의 임금 수준이 낮아지지 아니하도록 임금항목을 조정 또는 신설하거나 가산임금 지급 등의 임금보전방안을 마련하여 고용노동부장관에게 신고하여야 한다. 다만, 근로자대표와의 서면 합의로 임금보전방안을 마련한 경우에는 그러하지 아니하다.

⑥ 제1항부터 제5항까지의 규정은 15세 이상 18세 미만의 근로자와

임신 중인 여성 근로자에 대해서는 적용하지 아니한다.

제51조의3(근로한 기간이 단위기간보다 짧은 경우의 임금 정산)

사용자는 제51조 및 제51조의2에 따른 단위기간 중 근로자가 근로한 기간이 그 단위기간보다 짧은 경우에는 그 단위기간 중 해당 근로자가 근로한 기간을 평균하여 1주간에 40시간을 초과하여 근로한 시간 전부에 대하여 제56조제1항에 따른 가산임금을 지급하여야 한다.

【근로기준법 시행령】

제28조(3개월 이내의 탄력적 근로시간제에 관한 합의사항 등)

① 법 제51조제2항 제4호에서 "그 밖에 대통령령으로 정하는 사항"이란 서면 합의의 유효기간을 말한다.

② 고용노동부장관은 법 제51조제4항에 따른 임금보전방안을 강구하게하기 위해 필요한 경우에는 사용자에게 그 임금보전방안의 내용을 제출하도록 명하거나 직접 확인할 수 있다.

제28조의2(3개월을 초과하는 탄력적 근로시간제에 관한 합의사항 등)

① 법 제51조의2제1항제4호에서 "그 밖에 대통령령으로 정하는 사항"이란 서면 합의의 유효기간을 말한다.

② 법 제51조의2제2항 단서에서 "천재지변 등 대통령령으로 정하는 불가피한 경우"란 다음 각 호의 어느 하나에 해당하는 경우를 말한다.

1. 「재난 및 안전관리 기본법」에 따른 재난 또는 이에 준하는 사고가 발

생하여 이를 수습하거나 재난 등의 발생이 예상되어 이를 예방하기 위해 긴급한 조치가 필요한 경우

2. 사람의 생명을 보호하거나 안전을 확보하기 위해 긴급한 조치가 필요한 경우

3. 그 밖에 제1호 및 제2호에 준하는 사유로 법 제51조의2제2항 본문에 따른 휴식 시간을 주는 것이 어렵다고 인정되는 경우

【근로기준법 시행규칙】

제8조의2(3개월을 초과하는 탄력적 근로시간제에 관한 임금보전방안의 신고)

사용자는 법 제51조의2제5항 본문에 따라 임금보전방안(賃金補塡方案)을 신고하려는 경우에는 별지 제4호의2서식의 임금보전방안 신고서에 임금보전방안의 내용을 확인할 수 있는 서류를 첨부하여 관할 지방고용노동관서의 장에게 제출해야 한다.

2) 해설

(1) 입법 연혁

경영계에서는 근로시간의 유연화를 지속적으로 요구하였다. 처음 근로시간의 유연화가 입법된 것은 1980. 12. 31. 개정법이다. 동법 제42조제2항에서 4주단위 변형근로시간제를 신설하였다. 즉, "사용자는 당사자의 합의가 있는 경우에는 4주간을 평균하여 1주간의 근로시간이 48시간을 초과하지 아니하는 범위 내에서 특정일에 대하여 8시간, 특정주

에 대하여 48시간을 초과하여 근로를 시킬수 있다."고 규정하였다. 그러나 동 규정은 1일 또는 1주의 최장근로시간에 대해 규제를 두고 있지 않았기 때문에 장시간 근로가 강제될 우려가 있는 등 그 적용상 많은 문제점이 제기되었다. 이에 따라 동 규정은 1987. 11. 28. 근로기준법 개정 시 폐지되었다.

그러나 경영계의 근로시간 유연화에 대한 요구는 계속되어 1996. 12. 31.의 근로기준법 개정에서 2주간 이내의 단위와 1개월 이내의 단위의 탄력적 근로시간제와 선택적 근로시간제가 새로 채택되어 시행되었으며, 다시 2003. 9. 15. 근로기준법 개정 시 1개월 이내의 탄력적 근로시간제가 3개월 이내의 탄력적 근로시간제로 바뀌었으며, 2021. 1. 5. 법 개정 시 3개월을 초과하는 탄력적 근로시간제(최장기간 6개월)를 도입하였다.

(2) 2주 단위 근로시간제

동 규정은 주44시간제 근로시간제 시행 당시 토요 격주 휴무를 실시하기 위하여 규정한 것이다.

① 요건

사용자는 취업규칙이나 취업규칙 작성의무가 없는 상시 근로자 10명 미만 사업장의 경우 취업규칙에 준하는 작업장 규칙 등에 규정하여야 한다.

② 단위 기간: 2주 이내

2주 이내 단위의 탄력적 근로시간이 꼭 2주일이어야 하는 것은 아니므로, 1주일을 넘어서는 2주일 이내의 일정기간(예컨대 10일)이면 상관없으나 산업현장에서는 의미가 크지 않다.

③ 유효기간

법령에 유효기간을 규정하고 있지 않으므로 취업규칙의 규정에 따라 기간의 제한 없이 실시할 수 있다.

④ 소정근로시간의 한도

주48시간 상한규정은 있으나 1일 단위시간에 대한 상한규정이 없어 1일 근로시간이 불규칙 할 것이라는 우려가 있으나 동 제도를 도입하려면 근로자의 동의가 필요(취업규칙 불이익 변경)하므로 크게 우려할 필요는 없다고 본다.

⑤ 효과: 법정근로시간의 적용제외

동 제도 도입 시 법 제50조에 따른 법정근로시간이 적용되지 않고, 취업규칙에서 정한 근로일과 근로시간을 초과하지 않는 한 소정 근로시간 안에서 연장근로가 성립되지 않아 그에 따른 근로에 대해 형사책임을 지지 않고, 가산임금을 지급할 의무도 없다(대법원 1991. 6. 28. 선고 90다카14758 판결).

(3) 3개월 단위 탄력적 근로시간제

① 요건

사용자가 3개월 이내 단위의 탄력적 근로시간제를 도입하려면 근로자대표와의 서면 합의를 하여야 한다. 여기서 '근로자대표'란 당해 사업 또는 사업장에 근로자의 과반수로 조직된 노동조합이 있는 경우에는 그 노동조합, 근로자의 과반수로 조직된 노동조합이 없는 경우에는 근로자 과반수를 대표하는 자를 말한다(법 제24조 제3항). 해석상 근로자대표와의 서면 합의가 있으면 되고 개별근로자의 동의는 필요치 않다. 반대로 근로자대표와 합의하지 않고 근로자 과반수의 동의를 받은 경우에는 법적 요건을 충족하지 못한 것으로 본다(근로조건지도과-1167, 2008. 4. 29.). 사업장 전체가 아닌 일부 부서만 동 제도를 도입할 경우에도 동 부서 근로자대표가 아닌 전체근로자대표와 서면 합의하여야 한다.[58]

합의할 사항은 법에 구체적으로 정하고 있다. (a) 대상근로자의 범위, (b) 단위기간(3개월 이내의 일정한 기간으로 정하여야 한다.) (c) 단위기간의 근로일과 그 근로일별 근로시간, (d) 서면 합의의 유효기간이다.

② 대상근로자의 범위

대상 근로자는 서면 합의에 의하여 명확히 특정되어야 한다. 일부 근로자에게 적용하거나, 단위기간별, 근무조별로 구분하여 근무시간을 배분하는 것도 가능하다. 다만, 15세 이상 18세 미만의 근로자와 임신 중인 여성근로자는 대상근로자가 될 수 없다.

③ 단위기간 및 그 기간의 근로일과 근로일별 근로시간

단위기간은 3개월 이내의 일정한 기간으로 정하여야 한다. 3개월일 필요는 없고 1개월, 2개월로 기간을 정하여도 된다. 단위기간의 근로일과 그 근로일별 근로시간 역시 서면 합의에 명시하여야 한다.

---

58) 고용노동부가 제시한 합의안 예시는 아래와 같다.

④ 유효기간

동 제도 도입 시 반드시 서면으로 그 기간을 정하도록 하고 있다. 효기간은 특별한 제한이 없다. 행정해석은 서면 합의 유효기간 만료이전 노사합의로 그 유효기간을 연장할 수 있으며, 유효기간 경과를 대비하여 서면 합의의 효력연장에 대하여 자동갱신 조항을 정하는 것도 가능하다고 한다(근로기준정책과-3971, 2016.6.24.).

3개월 단위 탄력적 근로시간제 노사합의서 예시

주식회사 ○○ 대표이사 _____ 와 ○○ 노동조합 위원장 _____ 는 3개월 단위 탄력적 근로시간제에 관하여 다음과 같이 합의한다.

제1조(목적) 이 합의서는 근로기준법 제51조제2항에 따라 3개월 단위 탄력적 근로시간제를 실시하는 데 필요한 사항을 정하는 것을 목적으로 한다.

제2조(적용대상자) 이 합의서의 내용은 전체 생산직 근로자에게 적용한다.

제3조(단위기간) 이 합의서의 단위기간은 매분기 초일부터 매분기 말일까지로 한다.

제4조(근로시간) 3개월 단위 탄력적 근로시간제 단위기간에 있어서 1일의 근로시간, 사업시간, 종업시간 및 휴게시간은 다음과 같다.

구분		1일 근로시간	시업시간	종업시간	휴게시간
○월	1일~말일	7시간(월~금)	09:00	17:00	12:00~13:00
○월	1일~말일	8시간(월~금)	09:00	18:00	12:00~13:00
○월	1일~말일	9시간(월~금)	09:00	19:00	12:00~13:00

제5조(휴일) 단위기간 중 주2일(토, 일요일)은 휴무하되, 휴일은 일요일로 한다.

제6조(적용제외) 연소근로자(15세 이상 18세 미만자)와 임부(임신중인 여성근로자)에게는 본 합의를 적용하지 아니한다.

제7조(가산임금) 3개월을 평균하여 1일 8시간, 1주 40시간을 초과한 경우 통상임금의 50%를 가산임금으로 지급한다. 다만, 회사사정으로 인하여 근로시간 편성에 변동사항이 발생할 경우, 회사는 사전에 통보하여 근무시간을 변경할 수 있으며 그에 따라 연장근로수당을 계산하여 지급한다.

제8조(유효기간) 이 합의서의 유효기간은 20○○년○○월 ○일부터 1년간으로 하되, 유효기간 만료 1개월 전까지 개정 관련 별도 의견이 없는 경우에는 그 후 1년간 자동갱신 되는 것으로 하며, 그 이후에도 또한 같다.

20○○. ○. ○.

주식회사 ○○ 대표이사   (인)   노동조합 위원장   (인)

⑤ 소정근로시간의 한도

3월 단위 탄력적 근로시간제에서 특정한 주의 근로시간은 52시간을, 특정한 날의 근로시간은 12시간을 초과할 수 없다. 동 근로시간에 더하여 주 12시간의 연장근로가 가능한지가 문제된다. 행정해석은 가능하다고 한다(근로기준정책과-549, 2018.01.22.).

⑥ 임금보전방안의 강구

탄력적 근로시간제를 도입하지 않을 경우 연장근로가산수당은 1일 8시간, 1주 40시간을 초과할 경우 지급하여야 하고 1일 8시간을 초과하여 근로하였으나 주 전체적으로는 40시간을 초과하지 아니할 경우에도 8시간을 초과한 근로시간에 대해 연장근로수당은 지급하여야 한다(근기01254-3358, 1988.03.09.). 또한 4주 중 2주에는 40시간을 초과하여 근로하였으나 전체 4주를 평균하였을 경우 40시간을 초과하지 아니할 경우에도 40시간을 초과하여 근로한 2주의 근로시간에 대해서는 연장근로가산수당을 지급하여야 한다. 그러나 탄력적 근로시간제를 도입한 경우 특정일에 8시간을 초과하여 근로하거나 특정 주에 40시간을 초과하여 근로하였더라도 단위기간을 평균하여 1주 근로시간이 40시간을 넘지 않는다면 연장근로 가산수당을 지급할 필요가 없다(대법원 1991.6.28.선고 90다카14758 판결). 따라서 탄력적 근로시간제 도입으로 인해 연장근로 가산수당을 적게 받는 문제가 발생한다. 이에 따라 법제51조 제4항은 임금보전방안을 강구하도록 규정하고 있다. 시행령 28조 제2항은 "고용노동부장관은 법 제51조제4항에 따른 임금보전방안을 강구하게하기 위해 필요한 경우에는 사용자에게 그 임금보전방안의 내용을 제출하도록 명하거나 직접 확인할 수 있다."고 규정하여 임금보전방안을 마련토록 하고 있으나 동 규정은 처벌규정이 없어 실효성이 떨어진다는 지적이 많다.

⑦ 월급제근로자의 임금 지급

소정근로에 대해 매월 일정한 임금을 지급해 오던 사업장에서 탄력적 근로제 도입으로 각 월의 근로시간이 다를 경우 임금 지급을 어떻게 할 것인가. 고용노동부는 제도도입을 위해 근로자대표와 합의 시 임금의 계산 및 지급방법을 정하도록 지도하고 있다. 서면 합의 시 별도의 정함이 없다면 취업규칙 또는 단체협약 등에서 정한 바에 따라 임금을 지급하면 된다고 한다(고용노동부, 유연근로시간제 가이드 2018.6). 이는 임금계산 원칙인 근로시간 비례의 원칙의 예외를 인정하는 것으로 평균임금 계산 등에 문제가 될 수 있어 논의가 필요하다고 본다.

(4) 3개월 초과 탄력적 근로시간제
① 입법경위

위 (1)항에서 살펴본 바와 같이 경영계의 근로시간 유연화 요구에 대해 2018근로기준법을 개정하면서 부칙 제3조에 "고용노동부장관은 2022.12.31.까지 탄력적 근로시간제의 단위기간 확대 등 제도개선방안을 검토해야 한다."고 규정하였다. 이에 따라 국회는 2021.1.5. 근로기준법을 개정하여 3개월 초과 탄력적 근로시간제(최장기간 6개월)를 도입(시행 2021.4.6. 단, 상시근로자 5인~50인 미만을 사용하는 사업장 2021.7.1.)하였다.

② 요건

사용자가 3개월을 초과하는 탄력적 근로시간제를 도입하려면 3개월 이내의 탄력적 근로시간제 도입과 같이 근로자대표와의 서면 합의를 하여야 한다. 근로자대표에 대한 구체적인 사항은 3개월 이내의 탄력적 근로시간제와 같다.[59]

합의할 사항은 다음과 같다. (a) 대상 근로자의 범위, (b) 단위기간(3개월을 초과하고 6개월 이내의 일정한 기간으로 정하여야 한다.) (c) 단위기간별 주별 근로시간, (d) 서면 합의의 유효기간이다.

③ 대상근로자의 범위

3개월 이내 탄력적 근로시간제와 같이 대상근로자는 서면 합의 시 명확히 특정되어야 한다. 15세 이상 18세 미만의 근로자와 임신 중인 여성근로자는 대상근로자가 될 수 없는 것도 마찬가지다.

④ 단위기간 및 단위기간의 주별 근로시간

단위기간은 3개월 초과 6개월 이내에서 자율적으로 정할 수 있다.

3개월 이내의 탄력적 근로시간제에서는 단위기간의 근로일과 그 근로일별 근로시간을 정하도록 하였으나 근로일과 근로일별 근로시간의 예측이 어려운 문제 등이 있어 3개월 초과 탄력적 근로시간제에서는 주별 근로시간만을 정하도록 하고 해당 주의 근로일별 근로시간은 각 주의 근로일이 시작되기 2주일 전에 근로자에게 통보하도록 하고 있다.

---

59) 고용노동부가 제시한 합의안 예시는 아래와 같다.

6개월 단위 탄력적 근로시간제 노사합의서 예시

주식회사 ○○ 대표이사 _____와 ○○ 노동조합 위원장 _____는 6개월 단위 탄력적 근로시간제에 관하여 다음과 같이 합의한다.

제1조(목적) 이 합의서는 근로기준법 제51조의2에 따라 6개월 단위 탄력적 근로시간제를 실시하는데 필요한 사항을 정하는 것을 목적으로 한다.

제2조(적용대상자) 이 합의서의 내용은 전체 생산직 근로자에게 적용한다.

제3조(단위기간) 이 합의서의 단위기간은 매분기 초일부터 매분기 말일까지로 한다.

제4조(근로시간) ① 단위기간을 평균한 1주 간의 근로시간은 40시간으로 하고, 단위기간 내 각 주의 근로시간은 다음과 같이 정한다.

구분	근로시간	구분	근로시간	구분	근로시간
○주	○○시간	○주	○○시간	○주	○○시간
○주	○○시간	○주	○○시간	○주	○○시간
⋮	⋮	⋮	⋮	⋮	⋮

② 각 주의 근로일별 근로시간은 각 주의 근로일이 시작되기 2주 전까지 해당 근로자에게 통보한다.
③ 단위기간 도중 예측하지 못한 기계고장, 업무량 급증 등 불가피한 사유가 발생한 경우, 근로자대표와의 협의를 거쳐 근로시간을 변경할 수 있으며, 변경된 근로시간은 해당 근로일이 개시되기 전까지 근로자에게 통보한다.

제5조(근로일간 휴식) 탄력적 근로시간제를 적용받는 근로자에 대해서는 근로일 종료 후 다음의 근로일까지 개시되기 전까지 연속하여 11시간의 휴식시간이 보장되도록 한다.

제6조(휴일) 단위기간 중 주2일(토, 일요일)은 휴무하되, 휴일은 일요일로 한다.

제7조(적용제외) 연소근로자(15세 이상 18세 미만자)와 임부(임신중인 여성근로자)에게는 본 합의를 적용하지 아니한다.

제8조(연장근로 가산임금) 근로일별 근로하기로 정한 시간을 초과한 경우 통상임금의 50%를 가산임금으로 지급한다.

제9조(임금보전) 제도 도입으로 근로자의 임금 수준이 저하되지 않도록 ○○○ 방법 등의 임금보전을 실시한다.

구체적으로, 임금항목을 조정 또는 신설하거나 가산임금 지급 등의 방안을 마련해야 하며, 노·사 간 분쟁을 차단하기 위해 사전 충분한 협의를 통해 마련하는 것이 바람직
(예시) 전체 단위기간에 대해 사전에 근로하기로 정한 시간 이내로 하더라도 1일 8시간, 1주 40시간을 초과하는 시간에 대해서는 할증임금을 지급한다.

제10조(연장·야간·휴일근로) 연장·야간·휴일근로에 대해서는 근로기준법 제56조 및 취업규칙 제○○조에 따라 가산하여 지급한다.

제11조(유효기간) 이 합의서의 유효기간은 20○○년 ○월 ○일부터 1년간으로 하되, 유효기간 만료 1개월 전까지 개정 관련 별도 의견이 없는 경우에는 그 후 1년간 자동갱신 되는 것으로 하며, 그 이후에도 또한 같다.

20○○. ○. ○.

주식회사 ○○ 대표이사　(인)　　　노동조합 위원장　　(인)

다만, 사용자는 제1항에 따른 근로자대표와의 서면 합의 당시에는 예측하지 못한 천재지변, 기계 고장, 업무량 급증 등 불가피한 사유가 발생한 때에는 단위기간 내에서 평균하여 1주간의 근로시간이 유지되는 범위에서 근로자대표와의 협의를 거쳐 단위기간의 주별 근로시간을 변경할 수 있다. 이 경우 해당 근로자에게 변경된 근로일이 개시되기 전에 변경된 근로일별 근로시간을 통보하여야 한다.

⑤ 소정근로시간의 한도 및 11시간 휴식제 도입

3개월 단위 탄력적 근로시간제와 같이 특정한 주의 근로시간은 52시간을, 특정한 날의 근로시간은 12시간을 초과할 수 없다. 3개월 단위 탄력적 근로시간제와 같이 동 근로시간에 더하여 주 12시간의 연장근로가 가능한지가 문제된다. 3개월 단위 탄력적 근로시간제는 해석상 1일 최장 연속 24시간근로(12시간+12시간 연장근로)가 가능하여 근로자의 건강을 보호할 필요가 제기되었다. 이에 3개월 초과 탄력적 근로시간제는 법 제51조의 2 제3항에 "근로자를 근로시킬 경우에는 근로일 종료 후 다음 근로일 개시 전까지 근로자에게 연속하여 11시간 이상의 휴식시간을 주어야 한다."는 규정을 두어 11시간 휴식을 실시토록 하여 연장근로는 불가능하다(24시간-11시간=13시간 근로 가능하나 1시간 이상 휴게시간을 주어야하기 때문에 근로시간은 12시간을 넘을 수 없다). 다만, 예외적으로 천재지변 등 다음과 같은 사유가 있을 때는 근로자대표와 서면 합의가 있으면 서면 합의 내용에 따라 11시간 휴식제 적용을 하지 않아도 된다.

- 적용제외 사유: (a)「재난 및 안전관리 기본법」에 따른 재난 또는 이에 준하는 사고가 발생하여 이를 수습하거나 재난 등의 발생이 예상되어 이를 예방하기 위해 긴급한 조치가 필요한 경우. (b) 사람의 생명을 보호하거나 안전을 확보하기 위해 긴급한 조치가 필요한 경우. (c) 그 밖에 (a) 및 (b)에 준하는 사유로 법 제51조의2제2항 본문에 따른 휴식 시간을 주는 것이 어렵다고 인정되는 경우

⑥ 유효기간

3개월 이내 탄력적 근로시간제와 같다.

⑦ 임금보전방안의 강구

탄력적 근로시간제 도입으로 인해 연장근로수당이 감소할 수 있음을 3개월 이내의 탄력적 근로시간제에서 살펴보았다. 이에 따라 법제51조 4항은 임금보전방안을 강구하도록 규정하고 있고, 시행령 28조 제2항은 "고용노동부장관은 법 제51조제4항에 따른 임금보전방안을 강구하게 하기 위해 필요한 경우에는 사용자에게 그 임금보전방안의 내용을 제출하도록 명하거나 직접 확인할 수 있다."고 규정하여 임금보전방안을 마련토록 하고 있으나 동 규정은 처벌규정이 없어 실효성이 떨어진다는 지적이 많음을 함께 살펴보았다. 이에 따라 법 제51조의 2 제5항에 "기존의 임금 수준이 낮아지지 아니하도록 임금항목을 조정 또는 신설하거나 가산임금 지급 등의 임금보전방안을 마련하여 고용노동부장관에게 신고"하도록 규정하고 있다. 동 규정 위반 시 500만원 이하의 과태료를 부과할 수 있다. 다만, 근로자대표와의 서면 합의로 임금보전방안을 마련한 경우에는 그러하지 아니하다.

(5) 근로한 기간이 단위기간보다 짧은 경우의 임금 정산

① 개요

탄력적 근로제를 시행하면서 단위기간보다 짧게 근무하고 퇴사하거나 회사가 폐업한 경우 연장근로가산수당 지급과 관련하여 이를 탄력적 근로제가 시행되지 아니한 것으로 볼 것인가 아니면 시행하다 중단된 것으로 볼 것인가에 대한 논란이 있었다. 이를 입법으로 해결한 것이다.

② 내용

탄력적 근로시간제 시행에 따른 단위기간 중 근로한 기간이 단위기간보다 짧은 경우에는 그 단위기간 중 해당 근로자가 근로한 기간을 평균하여 1주간에 40시간을 초과하여 근로한 시간 전부에 대하여 연장근로가산임금을 지급한다.

2. 선택적 근로시간제

1) 관련 규정

【근로기준법】

제52조(선택적 근로시간제)

① 사용자는 취업규칙(취업규칙에 준하는 것을 포함한다)에 따라 업무의 시작 및 종료 시각을 근로자의 결정에 맡기기로 한 근로자에 대하여 근로자대표와의 서면 합의에 따라 다음 각 호의 사항을 정하면 1개월(신상품 또는 신기술의 연구개발 업무의 경우에는 3개월로 한다) 이내의 정산기간을 평균하여 1주간의 근로시간이 제50조제1항

의 근로시간을 초과하지 아니하는 범위에서 1주간에 제50조제1항의 근로시간을, 1일에 제50조제2항의 근로시간을 초과하여 근로하게 할 수 있다.

1. 대상 근로자의 범위(15세 이상 18세 미만의 근로자는 제외한다)

2. 정산기간

3. 정산기간의 총 근로시간

4. 반드시 근로하여야 할 시간대를 정하는 경우에는 그 시작 및 종료 시각

5. 근로자가 그의 결정에 따라 근로할 수 있는 시간대를 정하는 경우에는 그 시작 및 종료 시각

6. 그 밖에 대통령령으로 정하는 사항

② 사용자는 제1항에 따라 1개월을 초과하는 정산기간을 정하는 경우에는 다음 각 호의 조치를 하여야 한다.

1. 근로일 종료 후 다음 근로일 시작 전까지 근로자에게 연속하여 11시간 이상의 휴식 시간을 줄 것. 다만, 천재지변 등 대통령령으로 정하는 불가피한 경우에는 근로자대표와의 서면 합의가 있으면 이에 따른다.

2. 매 1개월마다 평균하여 1주간의 근로시간이 제50조제1항의 근로시간을 초과한 시간에 대해서는 통상임금의 100분의 50 이상을 가산하여 근로자에게 지급할 것. 이 경우 제56조제1항은 적용하지 아니한다.

【근로기준법 시행령】

제29조(선택적 근로시간제에 관한 합의사항 등)

① 법 제52조제1항제6호에서 "그 밖에 대통령령으로 정하는 사항"이란
표준근로시간(유급휴가 등의 계산 기준으로 사용자와 근로자대표
가 합의하여 정한 1일의 근로시간을 말한다)을 말한다.

② 법 제52조제2항제1호 단서에서 "천재지변 등 대통령령으로 정하
는 불가피한 경우"란 다음 각 호의 어느 하나에 해당하는 경우를 말
한다.

1. 제28조의2제2항제1호 또는 제2호에 해당하는 경우

2. 그 밖에 제1호에 준하는 사유로 법 제52조제2항제1호 본문에 따른
휴식 시간을 주는 것이 어렵다고 인정되는 경우

2) 해설

(1) 의의

선택적 근로시간제란 일정기간 단위로 정해진 총근로시간 범위 내에
서 업무의 시작과 종료시각, 1일 근로시간을 근로자가 자율적으로 결정
할 수 있는 제도이다. 동 제도는 근로자로 하여금 생활상의 필요에 따
라 근로시간의 조정을 도모할 수 있도록 하고, 사용자측에서도 별도의
연장근로수당의 지급이 없이 작업능률의 향상을 기할 수 있다.

선택적 근로시간제는 정산기간 중 업무의 시작과 종료 시각이 근로
자의 자유로운 결정에 맡겨져 있고 사용자가 관여하지 않는 '완전 선
택적 근로시간제'와 의무적 근로시간대에는 근로자가 사용자로부터

시간적 구속과 구체적 업무지시를 받고 나머지 시간(선택적 근로시간대)은 근로자가 자유롭게 결정하는 '부분 선택적 근로시간제'로 구분된다. 이를 구분하는 실익은 연장근로와 야간근로 가산수당 계산에 차이가 있기 때문이다. '부분선택적 근로시간제'의 경우 사용자가 연장근로를 지시(요청)하였거나 근로자의 연장근로 통지에 대해 사용자가 승인(동의)한 경우에만 연장근로가 인정되며, 정산기간을 평균하여 1주 40시간을 넘는 시간에 대해 연장근로 가산수당을 지급하여야 한다. 야간에 근무하였을 경우 야간근로가산수당도 지급하여야 한다. '완전 선택적 근로시간제'의 경우 사용자의 요청이나 승인 없이 근로자의 자유의사에 따라 산정기간 총 근로시간의 범위 내에서 연장 또는 야간 근로가 이루어졌다면, 이에 대한 사용자의 가산수당 지급의무는 없다.

(2) 요건

① 취업규칙 등

취업규칙 또는 이에 준하는 것에 "업무의 시작과 종료시각을 근로자의 결정에 맡긴다."는 취지를 정하여야 하고, 그 대상이 되는 근로자의 범위를 정하여야 한다.

② 근로자대표와 서면 합의

동 제도를 시행하기 위하여는 근로자대표와 서면 합의를 하여야 한다. 합의할 사항은 (a) 대상 근로자의 범위(15세 이상 18세 미만의 근로자는 제외한다), (b) 정산기간, (c) 정산기간의 총 근로시간, (d) 반드시 근로하여야 할 시간대를 정하는 경우에는 그 시작 및 종료 시각 (e) 근로자가 그의 결정에 따라 근로할 수 있는 시간대를 정하는 경우에는 그 시작 및 종료 시각, (f) 표준근로시간(유급휴가 등의 계산 기준으로 사용자와 근로자대표가 합의하여 정한 1일의 근로시간)이다. [60]

---

60) 고용노동부가 제시한 합의안 예시는 아래와 같다.

선택적 근로시간제 노사합의서 예시

○○기업 대표이사 _____와 ○○기업 근로자대표 _____는 선택근무제에 도입/운영 관련하여 다음과 같이 합의한다.

제1조【목적】 이 합의서는 근로기준법 제52조와 취업규칙 제○조에 의해 선택적 근로시간제에 필요한 사항을 정하는 것을 목적으로 한다.

제2조【적용범위】 선택적 근로시간제는 *** 업무에 종사하는 자를 대상으로 한다.

제3조【정산기간】 근로시간의 정산기간은 매월 초일부터 말일까지로 한다.

제4조【총 근로시간】 40시간×해당월의 역일수/7로 계산한다.

제5조【표준근로시간】 1일의 표준근로시간은 8시간으로 한다.

제6조【의무 근무시간대】 의무시간대는 13시부터 16시까지로 한다. 다만, 12:00부터 13:00까지는 휴게시간으로 한다.

제7조【선택 근무시간대】 선택시간대는 시작 시각대 오전 7시부터 13시, 종료 시각대 오후 4시부터 22시로 하되, 시작시각을 1일 전까지 근무일지에 기록하여 상사에게 보고한다.

제8조【가산수당】 업무상 부득이한 경우에 상사의 승인을 받고 제4조의 근무시간을 초과하여 근무한 시간에 대해 가산수당을 지급한다.

제9조【임금공제】 의무시간대에 근무하지 않은 경우 근무하지 않은 시간만큼 임금을 공제하며, 의무시간 시작시간을 지나 출근하거나, 의무시간 종료전에 퇴근한 경우에는 조퇴, 지각으로 처리한다.

제10조【유효기간】 이 합의서의 유효기간은 20○○년 ○월 ○일부터 1년간으로 하되, 유효기간 만료 1개월 전까지 개정 관련 별도 의견이 없는 경우에는 그 후 1년간 자동갱신 되는 것으로 하며, 그 이후에도 또한 같다.

20○○. ○. ○.

주식회사 ○○ 대표이사   (인)   근로자대표   (인)

③ 대상 근로자의 범위

서면 합의서에 대상근로자를 구체적으로 특정하여야 한다. 18세 미만의 연소근로자는 대상근로자가 될 수 없으나 임신 중인 여성근로자는 탄력적 근로시간제와 다르게 대상근로자가 될 수 있다.

④ 정산기간과 정산기간의 총 근로시간

근로자가 제공한 근로시간을 법정 근로시간에 맞추어 정산하여야 할 일정한 단위기간(정산기간)이 1개월이었으나 2021.1.5. 법을 개정(시행일 2021.4.6.)하여, 신상품 또는 신기술의 연구개발 업무의 경우에는 3개월로 연장하였다. 이들 업무는 고도의 전문업무로서 업무수행 시 재량의 여지가 크고 시간 통제가 오히려 업무능률을 떨어뜨릴 수 있기 때문이다.

정산기간을 정하면 그 기간 동안 근로할 총 근로시간을 정해야 한다. 이는 총 근로의무 시간수이다.

⑤ 의무근로시간대와 선택근로시간대

의무근로시간대는 근로자가 반드시 근로해야 할 시간대이며 동 시간대를 반드시 정해야 하는 것은 아니며 정할 경우 노·사간에 서면 합의를 하여야 한다. 선택적 근로시간대는 근로자가 스스로의 결정에 의하여 근로제공 여부를 결정할 수 있는 시간대로서 결정여부 및 결정방법은 의무근로시간대와 같다.

⑥ 표준근로시간

표준 근로시간은 유급휴가 등의 계산 기준으로 사용자와 근로자대표가 합의하여 정한 1일의 근로시간을 말한다. 표준 근로시간은 통상 1일

8시간으로 정하는 것이 노무관리상 문제가 없다.

(3) 정산기간이 1개월을 초과하는 경우의 조치사항

① 11시간의 휴식시간 확보

근로일 종료 후 다음 근로일 시작 전까지 근로자에게 연속하여 11시간 이상의 휴식 시간을 주어야 한다. 다만, 천재지변 등 불가피한 경우에는 근로자대표와의 서면 합의가 있으면 예외가 인정된다.

② 연장근로수당 대상을 매 1개월마다 평균하여 1주간의 근로시간을 산정

매 1개월마다 평균하여 1주간의 근로시간이 제50조제1항의 근로시간을 초과한 시간에 대해서는 통상임금의 100분의 50 이상을 가산하여 근로자에게 지급한다. 이 경우 제56조제1항은 적용하지 아니한다.

3. 사업장 밖 간주근로시간제

1) 관련 규정

【근로기준법】

제58조(근로시간 계산의 특례)

① 근로자가 출장이나 그 밖의 사유로 근로시간의 전부 또는 일부를 사업장 밖에서 근로하여 근로시간을 산정하기 어려운 경우에는 소정근로시간을 근로한 것으로 본다. 다만, 그 업무를 수행하기 위하여 통상적으로 소정근로시간을 초과하여 근로할 필요가 있는 경우에는 그 업무의 수행에 통상 필요한 시간을 근로한 것으로

본다.

　② 제1항 단서에도 불구하고 그 업무에 관하여 근로자대표와의 서면
　　합의를 한 경우에는 그 합의에서 정하는 시간을 그 업무의 수행에
　　통상 필요한 시간으로 본다.

　2) 해설
　(1) 의의

　근로자가 출장이나 그 밖의 사유로 근로시간의 전부 또는 일부를 사
업장 밖에서 근로하여 근로시간의 산정이 어려운 경우에 근로시간 계
산의 예외를 인정하고 있다. 동 제도 아래에서는 실제 근로한 시간과
관계없이 '소정근로시간', '업무수행에 통상적으로 필요한 시간', '노·사
가 서면으로 합의한 시간'중 어느 하나를 근로시간으로 간주하도록 하
고 있다.

　(2) 요건
　① 사업장 밖 근로

　근로시간 간주 대상이 되는 근로는 근로자가 근로시간의 전부 또는
일부를 사업장 밖에서 근로하여야 한다. 사업장 밖 근로의 판단은 '근로
의 장소적 측면'과 '근로수행의 형태적 측면'을 종합적으로 고려하여야
한다. '근로의 장소적 측면'은 소속 사업장에서 장소적으로 이탈하여 자
신의 본래 소속 사업장의 근로시간 관리로부터 벗어나 있는 상황을 말
하며, 근로시간의 전부를 사업장 밖에서 근로하는 경우(신문방송사 기

자의 취재, 영업사원의 판매, 가정 방문 가전제품 수리 등)는 물론 일부만 사업장 밖에서 근로하는 경우도 포함한다. '근로수행의 형태적 측면'은 사용자의 근로시간 관리조직으로부터 구체적인 지휘·감독을 받지 않고 근로를 수행해야 한다.

② 실근로시간 산정이 어려운 경우

실근로시간 산정이 어려워야 한다. 여기서 근로시간 산정이 어렵다는 것은 사용자가 출장자 등의 근로시간 산정이 어려운 경우를 말한다. 즉 시업시각과 종업시각이 해당 근로자의 자유에 맡겨져 있고, 근로의 조건이나 업무의 상태에 따라 근로시간의 장단이 결정되는 경우이다. 따라서 사업장 밖 근로라 하더라도 사용자의 구체적인 지휘·감독이 미치는 경우에는 적용대상에서 제외된다. 고용노동부 업무 매뉴얼(69쪽)은 '간주 근로시간제가 적용되지 않는 경우'로 (a) 여러 명이 그룹으로 사업장 밖에서 근로하더라도 그 구성원 중 근로시간 관리를 하는 자가 있는 경우, (b) 사업장 밖에서 업무를 수행하는 사람이 정보통신기기 등에 의하여 수시로 사용자의 지시를 받으면서 근무하는 경우, (c) 미리 회사로부터 방문처와 귀사 시간 등 당일 업무를 구체적으로 지시받은 다음 사업장 밖에서 업무를 수행하고 사업장에 돌아오는 경우를 예시하고 있다.

(3) 간주 내용

① 소정근로시간 근로로 간주

사업장 밖 근로로 실근로시간 산정이 어려운 경우, 소정근로시간을 근로한 것으로 보는 것이 원칙이다. 소정근로시간은 법정근로시간의 범위 안에서 취업규칙 등에서 정한 근로시간이다. 근로자가 어느 근로일의 실근로시간이 소정근로시간보다 짧게 근로하였거나 반대로 연장근로를 하였다고 하더라도 사용자는 그에 대한 임금을 삭감하거나 반대의 경우 가산임금을 지급할 필요는 없다.

② 통상 필요한 시간 근로로 간주

해당업무를 수행하기 위하여 통상적으로 소정근로시간을 초과하여 근로할 필요가 있는 경우에는 그 업무의 수행에 통상 필요한 시간을 근로한 것으로 본다. '통상 필요한 시간'은 평균적인 근로자가 통상적인 상태에서 그 업무를 수행하기 위해 객관적으로 필요한 시간을 말한다. 통상 필요한 시간 중 법정 근로시간을 초과하는 근로시간은 연장근로시간이 된다.

③ 서면 합의에 의한 간주근로시간

근로자가 그 업무를 수행하기 위하여 통상적으로 소정근로시간을 초과하여 근로할 필요가 있을 때 그 업무 수행에 통상 필요한 시간을 근로한 것으로 보지만, 노사간 다툼의 소지가 있다. 그리하여 이 때 그 업무에 대하여 근로자대표와 서면 합의를 한 경우에는 그 합의에서 정한 시간을 그 업무수행에 통상 필요한 시간으로 본다.[61]

---

61) 고용노동부가 제시한 합의안 예시는 아래와 같다.

근로시간의 일부만 사업장 밖에서 근로하는 경우 서면 합의의 대상이 되는 것은 '사업장 밖 근로'에 한하고 사업장 안 근로는 실근로시간으로 산정해야 한다. 따라서 사업장 안 근로를 포함하여 총 근로시간을 간주하도록 정하는 서면 합의는 허용되지 않는다.

간주근로시간제 노사합의서 예시

○○주식회사 대표이사 ○○○과 근로자대표 ○○○은 근로기준법 제58조가 정하는 "간주근로시간제"를 실시하기 위하여 다음과 같이 합의한다.

- 다음 -

1. 대상 근로자 범위
이 합의서는 영업부 및 판매부에 속하는 사업으로 주로 사업장 밖의 업무에 종사하는 자에게 적용한다.

2. 인정근로시간
제1조에 정한 직원이 통상근로시간의 전부 또는 일부를 사업장 밖에 있어서의 업무에 종사하고 근로시간을 산정하기 어려운 경우에는 휴게시간을 제외하고 1일 9시간을 근로한 것으로 본다.

3. 휴게시간
제1조에서 정한 직원에 대해 취업규칙 제○○조에 정한 휴게시간을 적용한다. 다만, 업무에 따라서는 정해진 휴게시간에 휴게할 수 없는 경우는 별도의 시간대에 소정의 휴게를 부여하는 것으로 한다.

4. 휴일근로
제1조에 정한 직원이 특별한 지시에 따라 취업규칙 제○○조에서 정한 휴일에 근무한 경우에는 회사는 취업규칙 제○○조에 기초하여 휴일근로 가산수당을 지급한다.

5. 야간근로
제1조에 정한 직원이 특별한 지시에 따라 야간(22:00~06:00)에 근무한 경우에는 취업규칙 제○○조에 기초하여 야간근로 가산수당을 지급한다.

6. 연장근로
제2조에 따라 근무로 인정된 시간 중 소정근로시간을 넘는 시간에 대해서는 취업규칙 제○○조에서 정한 연장근로 가산수당을 지급한다.

7. 유효기간
이 합의서의 유효기간은 20○○년 ○월 ○일부터 1년간으로 한다.

20○○. ○. ○.

주식회사 ○○ 대표이사　　(인)　　　근로자대표　　　(인)

(4) 연장·휴일·야간 근로 및 휴일·휴가

특례를 인정하는 것은 근로시간 산정에 관한 부분이므로 연장·휴일·야간 근로가 발생한 경우 가산 수당을 지급하여야 하고, 휴일·휴가는 출근율에 따라 별도로 부여하여야 한다.

4. 재량근로시간제

1) 관련 규정

【근로기준법】

제58조(근로시간 계산의 특례)

③ 업무의 성질에 비추어 업무 수행 방법을 근로자의 재량에 위임할 필요가 있는 업무로서 대통령령으로 정하는 업무는 사용자가 근로자대표와 서면 합의로 정한 시간을 근로한 것으로 본다. 이 경우 그 서면 합의에는 다음 각 호의 사항을 명시하여야 한다.

1. 대상 업무

2. 사용자가 업무의 수행 수단 및 시간 배분 등에 관하여 근로자에게 구체적인 지시를 하지 아니한다는 내용

3. 근로시간의 산정은 그 서면 합의로 정하는 바에 따른다는 내용

④ 제1항과 제3항의 시행에 필요한 사항은 대통령령으로 정한다.

【근로기준법 시행령】

제31조(재량근로의 대상업무)

법 제58조제3항 전단에서 "대통령령으로 정하는 업무"란 다음 각 호의

어느 하나에 해당하는 업무를 말한다.

1. 신상품 또는 신기술의 연구개발이나 인문사회과학 또는 자연과학분
   야의 연구 업무
2. 정보처리시스템의 설계 또는 분석 업무
3. 신문, 방송 또는 출판 사업에서의 기사의 취재, 편성 또는 편집 업무
4. 의복 · 실내장식 · 공업제품 · 광고 등의 디자인 또는 고안 업무
5. 방송 프로그램 · 영화 등의 제작 사업에서의 프로듀서나 감독 업무
6. 그 밖에 고용노동부장관이 정하는 업무

【고용노동부 고시 제2019-36호】
Ⅰ. 재량근로의 대상 업무
「근로기준법 시행령」 제31조제6에서 '그 밖에 고용노동부장관이 정
하는 업무'란 회계 · 법률사건 · 납세 · 법무 · 노무관리 · 특허 · 감정평
가 · 금융투자분석 · 투자자산운용 등의 사무에 있어 타인의 위임 · 위촉
을 받아 상담 · 조언 · 감정 또는 대행을 하는 업무를 말한다.

2) 해설
(1) 의의
업무의 성질에 비추어 업무수행 방법을 근로자의 재량에 위임할 필요
가 있는 업무로서 근로기준법 시행령에서 정한 업무를 수행하는 근로
자에 대하여, 사용자가 근로자대표와 서면 합의로 정한 시간을 근로한
것으로 보는 제도를 말한다. 이는 고도의 전문 업무에 종사하거나 창의

적 업무를 수행하는 근로자의 경우에는, 업무수행 수단에 재량의 여지가 크고, 보수 또한 근로의 양보다는 근로의 질 내지 성과에 의하여 결정되는 것이 적절하기 때문이다. 따라서 동 제도는 근로시간 배분뿐만 아니라 업무수행 방법까지 근로자의 재량에 맡기고, 실제 근로시간과 관계없이 노·사가 서면 합의로 정한 시간을 근로시간으로 간주한다.

(2) 도입 요건

① 업무의 성질: 재량성

재량근로의 근로시간 간주라는 근로시간 산정 특례가 인정되기 위해서는 '재량업무'에 해당하여야 한다. 재량업무가 무엇인지에 대하여는 앞에서 살펴본 바와 같이 '사용자가 근로시간 배분뿐만 아니라 업무의 수행방법까지 근로자의 재량에 맡기고 이에 대하여 근로자에게 구체적인 지시를 하지 아니하는 업무'라야 한다.

(a) 업무수행수단에 관한 지시를 받지 않을 것

업무수행수단에 대해 구체적인 지시를 하지 않는다 하더라도 사용자가 근로자에게 업무의 기본적인 지시를 하거나 일정 단계에서 진행상황을 보고할 의무를 지우는 것은 가능하다. 그러나 너무 자주 회의를 하고 보고의무를 지우는 것은 동 제도를 형해화하는 것이 되어 허용되지 아니한다.

(b) 근로자가 근로시간 배분에 관하여 구체적인 지시를 받지 않아야 함

사용자가 시업 및 종업시각을 준수하도록 지시하고, 지각·조퇴를 하면 주의를 주거나 임금을 삭감하는 것은 재량근로라고 볼 수 없다. 그

러나 근로일에 출근하는 것인지 여부는 근로자의 업무수행 수단이 아니기 때문에 사용자는 해당 근로자가 출근일에 출근여부를 확인한다고 하여 재량근로가 부정되지는 않는다.

② 업무의 유형: 대통령령으로 정한 업무

법은 재량업무의 유형을 대통령령으로 정하도록 하고 있다. 근로자가 수행하는 업무가 재량성이 있다하더라도 대통령령이 정한 업무에 해당하지 않으면 근로시간 간주를 할 수 없다.

대통령령으로 정한 업무는 다음과 같다. (a) 신상품 또는 신기술의 연구개발이나 인문사회과학 또는 자연과학분야의 연구 업무, (b) 정보처리시스템의 설계 또는 분석 업무, (c) 신문, 방송 또는 출판 사업에서의 기사의 취재, 편성 또는 편집 업무, (d) 의복ㆍ실내장식ㆍ공업제품ㆍ광고 등의 디자인 또는 고안 업무, (e) 방송 프로그램ㆍ영화 등의 제작 사업에서의 프로듀서나 감독 업무, (f) 회계ㆍ법률사건ㆍ납세ㆍ법무ㆍ노무관리ㆍ특허ㆍ감정평가ㆍ금융투자분석ㆍ투자자산운용 등의 사무에 있어 타인의 위임ㆍ위촉을 받아 상담ㆍ조언ㆍ감정 또는 대행을 하는 업무를 말한다.

③ 근로자대표와 서면 합의

재량근로 시간제를 도입하려면 사용자가 근로자대표와 다음 내용을 서면 합의를 통해 명시하여야 한다.[62] (a) 대상 업무, (b) 사용자가 업무의 수행 수단 및 시간 배분 등에 관하여 근로자에게 구체적인 지시를 하지 아니한다는 내용, (c) 근로시간의 산정은 그 서면 합의로 정하는 바에 따른다는 내용이다.

---

62) 고용노동부가 제시한 합의안 예시는 아래와 같다.

(3) 효과

① 근로시간의 간주

사용자와 근로자대표 사이에 서면 합의가 있으면 그 합의에서 정한

재량근로시간제 노사합의서 예시

○○주식회사 대표이사 ○○○과 근로자대표 ○○○은 근로기준법 제58조제3항에 기반하여 재량근로시간제에 관하여 다음과 같이 합의한다.

- 다음 -

1. 적용대상업무 및 근로자
본 합의는 각 호에서 제시하는 업무에 종사하는 근로자에게 적용한다. 사용자가 대상 업무를 수행할 근로자를 신규로 채용하는 경우에는 해당 근로자가 본인이 수행할 업무가 재량근로시간제 대상 업무에 해당된다는 것을 알 수 있도록 채용 공고 또는 근로계약서 등 적절한 수단을 통하여 고지한다.
본사 연구소에서 신상품 또는 신기술의 연구개발 업무에 종사하는 자
본사 부속 정보처리센터에서 정보처리시스템의 분석 또는 설계의 업무에 종사하는 자

2. 업무수행방법
1. 제1조에서 정한 근로자에 대해서는 원칙적으로 그 업무수행의 방법 및 시간배분의 결정을 본인에 위임하고 회사측은 구체적 지시를 하지 않는다. 다만, 연구과제의 선택 등 종사할 기본적인 업무 내용을 지시하거나 일정 단계에서 보고할 의무를 지울 수 있다.
2. 제2항에도 불구하고 업무 수행의 방법 및 시간 배분과 관련이 없는 직장 질서 또는 회사 내 시설 관리에 대한 지시 등은 할 수 있다.

3. 근로시간의 산정
제1조에서 정한 근로자는 취업규칙 제○조에서 정하는 근로시간에 관계 없이 1일 ○시간(간주근로시간)을 근로한 것으로 본다.

4. 연장, 휴일 및 야간근로
제3조의 간주근로시간이 근로기준법 제50조에서 정한 근로시간을 초과하는 부분에 대해서는 가산수당을 지급한다.
제1조에서 정한 근로자가 회사에 출근하는 날에는 입/퇴실 시에 ID카드에 의한 시간을 기록해야 한다.
제1조에서 정한 근로자가 휴일 또는 야간(22:00~06:00)에 업무를 행하는 경우에는 미리 소속 부서장의 허가를 받아야 한다.
전항에 따른 허가를 받고서 휴일 또는 야간에 업무를 행한 경우는 회사는 취업규칙이 정한 바에 따라 가산수당을 지급한다.

5. 휴게, 휴일 및 휴가
제1조에서 정한 근로자의 휴게, 휴일 및 휴가는 취업규칙에서 정하는 바에 의하되, 휴게시간은 재량근로제 적용 근로자의 재량에 의하여 시간변경이 가능한 것으로 한다.

6. 시행일
이 합의서의 유효기간은 20○○년 ○월 ○일부터 1년으로 하되, 유효기간 만료 1개월 전까지 개정관련 별도 의견이 없는 경우에는 그 후 1년간 자동갱신 되는 것으로 하며, 그 이후에도 또한 같다.

20○○. ○○. ○.

주식회사 ○○ 대표이사   (인)   근로자대표   (인)

시간이 근로시간으로 간주 된다. 근로자나 사용자 모두 더 많이 또는 더 적게 근로하였다는 반증을 제시해도 합의로 정한 근로시간을 근로 시간으로 간주한다.

② 휴게 · 휴일 · 연장 · 야간근로와의 관계

간주근로시간으로 대체하는 것은 실근로시간 산정에 대한 근로기준 법 제50조의 근로시간이므로, 휴게 · 휴일 · 연장 · 야간근로에 대한 규 정은 그대로 적용된다. 따라서 서면 합의에서 정한 간주근로시간이 법 정근로시간을 초과하는 경우에는 연장근로가산수당을 지급하여야 한 다. 휴일 · 야간 근로는 사전에 예정하여 확정되기 어려운 점이 있는바, 사용자의 허가를 얻어 휴일 · 야간근로를 실제로 수행하였다면 그에 대 한 가산 수당을 추가로 지급하여야 한다. 또한 재량근로시간제 아래에 서도 휴일 · 휴가 · 휴게는 별도로 부여해야 한다. 휴일 · 휴가 부여 시에 는 재량근로시간제가 적용되는 시간 동안에는 근로자가 소정 근로일을 출근한 것으로 보고, 휴일 · 휴가를 부여하여야 한다.

Ⅲ. 연장 · 야간 · 휴일 근로

1. 연장근로

1) 관련 규정

【근로기준법】

제53조(연장 근로의 제한)

① 당사자 간에 합의하면 1주간에 12시간을 한도로 제50조의 근로시간을 연장할 수 있다.

② 당사자 간에 합의하면 1주간에 12시간을 한도로 제51조 및 제51조의2의 근로시간을 연장할 수 있고, 제52조제1항제2호의 정산기간을 평균하여 1주간에 12시간을 초과하지 아니하는 범위에서 제52조제1항의 근로시간을 연장할 수 있다.

③ 상시 30명 미만의 근로자를 사용하는 사용자는 다음 각 호에 대하여 근로자대표와 서면으로 합의한 경우 제1항 또는 제2항에 따라 연장된 근로시간에 더하여 1주간에 8시간을 초과하지 아니하는 범위에서 근로시간을 연장할 수 있다.

1. 제1항 또는 제2항에 따라 연장된 근로시간을 초과할 필요가 있는 사유 및 그 기간

2. 대상 근로자의 범위

④ 사용자는 특별한 사정이 있으면 고용노동부장관의 인가와 근로자의 동의를 받아 제1항과 제2항의 근로시간을 연장할 수 있다. 다만, 사태가 급박하여 고용노동부장관의 인가를 받을 시간이 없는 경우에는 사후에 지체 없이 승인을 받아야 한다.

⑤ 고용노동부장관은 제4항에 따른 근로시간의 연장이 부적당하다고 인정하면 그 후 연장시간에 상당하는 휴게시간이나 휴일을 줄 것을 명할 수 있다.

⑥ 제3항은 15세 이상 18세 미만의 근로자에 대하여는 적용하지 아니한다.

⑦ 사용자는 제4항에 따라 연장 근로를 하는 근로자의 건강 보호를 위하여 건강검진 실시 또는 휴식시간 부여 등 고용노동부장관이 정하는 바에 따라 적절한 조치를 하여야 한다.

제69조(근로시간)

15세 이상 18세 미만인 사람의 근로시간은 1일에 7시간, 1주에 35시간을 초과하지 못한다. 다만, 당사자 사이의 합의에 따라 1일에 1시간, 1주에 5시간을 한도로 연장할 수 있다.

제71조(시간외근로)

사용자는 산후 1년이 지나지 아니한 여성에 대하여는 단체협약이 있는 경우라도 1일에 2시간, 1주에 6시간, 1년에 150시간을 초과하는 시간외근로를 시키지 못한다.

제74조(임산부의 보호)

⑤ 사용자는 임신 중의 여성 근로자에게 시간외근로를 하게 하여서는 아니 되며, 그 근로자의 요구가 있는 경우에는 쉬운 종류의 근로로 전환하여야 한다.

【근로기준법 시행규칙】

제9조(특별한 사정이 있는 경우의 근로시간 연장 신청 등) ① 법 제53조제4항 본문에서 "특별한 사정"이란 다음 각 호의 어느 하나에 해당하

는 경우를 말한다.

1. 「재난 및 안전관리 기본법」에 따른 재난 또는 이에 준하는 사고가 발생하여 이를 수습하거나 재난 등의 발생이 예상되어 이를 예방하기 위해 긴급한 조치가 필요한 경우

2. 사람의 생명을 보호하거나 안전을 확보하기 위해 긴급한 조치가 필요한 경우

3. 갑작스런 시설·설비의 장애·고장 등 돌발적인 상황이 발생하여 이를 수습하기 위해 긴급한 조치가 필요한 경우

4. 통상적인 경우에 비해 업무량이 대폭적으로 증가한 경우로서 이를 단기간 내에 처리하지 않으면 사업에 중대한 지장을 초래하거나 손해가 발생하는 경우

5. 「소재·부품·장비산업 경쟁력강화를 위한 특별조치법」 제2조제1호 및 제2호에 따른 소재·부품 및 장비의 연구개발 등 연구개발을 하는 경우로서 고용노동부장관이 국가경쟁력 강화 및 국민경제 발전을 위해 필요하다고 인정하는 경우

② 사용자는 법 제53조제4항에 따라 근로시간을 연장하려는 경우와 연장한 경우에는 별지 제5호서식의 근로시간 연장 인가 또는 승인 신청서에 근로자의 동의서 사본 및 근로시간 연장의 특별한 사정이 있음을 증명할 수 있는 서류 사본을 첨부하여 관할 지방고용노동관서의 장에게 제출해야 한다.

③ 관할 지방고용노동관서의 장은 제2항에 따른 근로시간 연장 인가 또는 승인 신청을 받은 날부터 3일 이내에 신청을 반려하거나 별지

제6호서식의 근로시간 연장 인가서 또는 승인서를 신청인에게 내주어야 한다. 다만, 부득이한 사유로 본문의 처리기간을 준수하지 못하는 경우에는 신청인에게 그 사유와 예상되는 처리기간을 알려주고 처리기간을 연장할 수 있다.

④ 관할 지방고용노동관서의 장은 제3항에 따라 근로시간 연장 인가 또는 승인을 하는 경우, 근로시간을 연장할 수 있는 기간은 특별한 사정에 대처하기 위하여 필요한 최소한으로 한다.

【고용노동부고시】 제2021 - 29호

특별연장근로 건강보호조치

Ⅰ. 건강보호조치

1. 사용자는 근로기준법 제53조제4항에 따라 연장근로(이하 "특별연장근로"라 한다)를 하는 근로자의 건강을 보호하기 위하여 다음 중 하나 이상의 조치를 실시하여야 한다.

① 특별연장근로 시간(추가 연장근로시간)을 1주 8시간 이내로 운영

② 근로일 종료 후 다음 근로일 개시 전까지 연속하여 11시간 이상의 휴식시간 부여

③ 특별연장근로기간 도중 또는 종료 후 다음과 같이 연속적 휴식시간 부여

- (1주 미만인 경우) 특별연장근로 종료 직후 특별연장근로시간 만큼의

연속휴식 부여

- (1주 이상인 경우) 1주 단위로 1일(24시간) 이상의 연속휴식 보장

2. 사용자는 제1호 이외에도 특별연장근로를 하는 근로자의 요청이 있는 경우에는 해당 근로자가 「국민건강보험법」에 따른 건강검진을 하는 기관에서 건강검진을 받을 수 있도록 하여야 한다.

3. 사용자는 특별연장근로 기간이 시작되기 전에 해당 근로자에게 제2호에 따른 건강검진을 받을 수 있다는 사실을 서면으로 통보해야 한다.

4. 사용자는 제2호의 건강검진에 따른 담당 의사의 진료소견이 있으면 휴가의 부여, 근로시간 단축, 야간근로의 제한, 연속 휴식시간 부여, 특별연장근로의 중단, 작업장소의 변경, 작업 전환 등 해당 근로자의 건강을 보호할 수 있는 적절한 조치를 하여야 한다.

2) 해설
(1) 합의 연장근로
① 의의

연장근로란 근로기준법 제50조에서 정한 법정근로시간을 초과하는 근로를 말한다. 성인근로자의 경우 1주 12시간 한도에서 당사자 간 합의에 의해 연장근로를 할 수 있으며 1일 연장근로 한도는 규정하고 있지 않다. 연소자는 당사자 간 합의에 따라 1일에 1시간, 1주일에 5시간을 한도로 연장근로를 할 수 있다. 산후 1년이 지나지 아니한 여성에 대하여는 단체협약이 있는 경우라도 1일에 2시간, 1주에 6시간, 1년에

150시간을 초과하는 연장근로[63]를 시키지 못하며, 임신 중의 여성 근로자에게 연장근로를 하게 하여서는 아니 된다.

② 연장근로의 요건: 당사자 간 합의

연장근로를 하기 위해서는 근로자와 사용자의 합의, 다시 말해 개별 근로자의 동의가 있어야 한다(대법원 1993. 12. 21. 선고 93누 5796 판결 등).

법은 '당사자 간에 합의하면'이라고만 하고 있을 뿐, 합의의 구체적인 방식에 대하여는 아무런 규정을 두지 않았으므로, 합의를 반드시 문서로 할 필요는 없으며 구두 합의도 가능하다. 특정한 형식을 요구하지도 않는다.

판례(대법원 2000. 06. 23. 선고 98다54960 판결)는 '합의방법에 대해 구체적으로 명시하고 있지 않으므로 서면 또는 구두에 의한 개별적 합의가 원칙이나 단체협약이나 취업규칙 등에 의한 집단적 합의도 가능하며, 합의는 연장근로를 할 때마다 개별적으로 합의할 필요는 없고, 근로계약을 체결할 때 미리 정할 수 있다.'라고 하면서 포괄적 동의도 가능하다고 한다. 집단적 합의는 개별근로자의 의사결정의 자유를 침해하지 않는 범위 내에서 인정되므로(대법원 1993. 12. 21. 선고 93누5796 판결), 사용자의 연장근로 지시에 반대하는 근로자에게까지 이를 강제할 수는 없다고 한다. 그러나 행정해석(근기 01254-450, 1990. 1. 12.)은 단체협약 · 취업규칙 · 근로계약 등에서 연장근로를 할 수 있도록 사전

---

[63] 법 규정에는 '시간외 근로'로 규정되어 있으나 연장근로와 같은 의미이므로 앞의 제목과 통일성을 기하기 위해 '연장근로'로 수정하였다.

에 포괄적으로 정해 놓은 경우에 근로자가 정당한 이유 없이 이를 거부하면 계약위반이 될 수 있다고 한다.

③ 연장근로의 한도

성인 근로자의 경우 1주에 12시간까지 연장근로를 할 수 있다. 그러나 연소자는 당사자 간 합의에 따라 1일에 1시간, 1주일에 5시간을 한도로 연장근로를 할 수 있다. 산후 1년이 지나지 아니한 여성(유사산한 여성근로자 포함)에 대하여는 단체협약이 있는 경우라도 1일에 2시간, 1주에 6시간, 1년에 150시간을 초과하는 연장근로를 시키지 못하며, 임신 중의 여성 근로자에게 연장근로를 하게 하여서는 아니 된다.

산업안전보건법 제139조 규정의 유해·위험 작업의 경우도 연장근로를 시켜서는 아니 된다.

(2) 법 내 연장근로

법 내 연장근로란 사업장의 소정 근로시간(예: 주35시간)이 법정 근로시간(주40시간)보다 짧은 사업장에서 법정근로시간 내에서 소정근로시간을 초과하여 근로한 경우를 말한다(예 :1주 38시간 일한 경우 3시간). 법 내 연장근로는 가산수당 지급 의무가 있는 연장근로로 보지 않으므로 가산 수당을 지급할 필요가 없다.

그러나 단시간 근로자의 경우 소정근로시간을 초과하여 근로한 경우에는 법 내 연장근로라 하더라도 통상임금의 50%를 가산하여 지급하여야 한다(기간제 및 단시간근로자 보호 등에 관한 법률 제6조 제3항).

(3) 인가 연장근로

① 의의

사용자는 특별한 사정이 있으면 고용노동부장관의 인가와 근로자의
동의를 받아 연장근로의 한도인 1주간에 12시간의 한도를 넘어 근로시
간을 연장할 수 있는 제도를 말한다. 동 제도는 2020. 1. 31. 시행규칙이
개정(고용노동부령 제281호)되기 전까지는 '특별한 사정'을 "자연재해
와 「재난 및 안전관리기본법」에 따른 재난 또는 이에 준하는 사고"로 좁
게 규정하였으나 2020년 시행규칙 개정으로 '특별한 사정'을 5가지로
확대하였다.

② 특별한 사정

근로기준법 시행규칙 제9조 제1항은 특별한 사정을 다음과 같이 규정
하고 있다.

(a) 「재난 및 안전관리 기본법」에 따른 재난 또는 이에 준하는 사고가
발생하여 이를 수습하거나 재난 등의 발생이 예상되어 이를 예방하기
위해 긴급한 조치가 필요한 경우, (b) 사람의 생명을 보호하거나 안전을
확보하기 위해 긴급한 조치가 필요한 경우, (c) 갑작스런 시설·설비의
장애·고장 등 돌발적인 상황이 발생하여 이를 수습하기 위해 긴급한
조치가 필요한 경우, (d) 통상적인 경우에 비해 업무량이 대폭적으로 증
가한 경우로서 이를 단기간 내에 처리하지 않으면 사업에 중대한 지장
을 초래하거나 손해가 발생하는 경우, (e) 「소재·부품·장비산업 경쟁
력강화를 위한 특별조치법」 제2조제1호 및 제2호에 따른 소재·부품 및
장비의 연구개발 등 연구개발을 하는 경우로서 고용노동부장관이 국가

경쟁력 강화 및 국민경제 발전을 위해 필요하다고 인정하는 경우

동 규정 적용 시 인가신청 처리기간이 3일이고, 근로시간을 연장할 수 있는 기간을 필요한 최소한으로 하고 있으며, 건강상 보호조치를 취하도록 하고 있으므로 특별한 사정을 가급적 넓게 보는 것이 제도 취지에 맞는다고 본다.

③ 고용노동부장관의 사전 인가 또는 사후 승인 및 근로자의 동의

인가 연장근로를 하기 위해서는 원칙적으로 사전에 고용노동부 장관의 인가를 받아야 한다. 사태가 급박하여 인가를 받은 받을 시간이 없는 경우에는 사후에 지체없이 승인을 받아야 한다. 고용노동부장관의 인가를 받았다 하더라도 연장근로를 시키기 위해서는 개별 근로자의 동의가 필요하다.

④ 대휴명령

고용노동부장관은 인가 연장근로에 따른 근로시간의 연장이 부적당하다고 인정하면 그 후 연장시간에 상당하는 휴게시간이나 휴일을 줄 것을 명할 수 있다.

⑤ 건강보호조치

사용자는 위 관련 법령 중 '고용노동부고시' 제2021 - 29호가 정한 건강보호조치를 하여야 한다.

2. 연장·야간·휴일 근로와 가산임금 및 보상휴가제

1) 관련 규정

【근로기준법】

제56조(연장·야간 및 휴일 근로)

① 사용자는 연장근로(제53조·제59조 및 제69조 단서에 따라 연장된 시간의 근로를 말한다)에 대하여는 통상임금의 100분의 50 이상을 가산하여 근로자에게 지급하여야 한다.

② 제1항에도 불구하고 사용자는 휴일근로에 대하여는 다음 각 호의 기준에 따른 금액 이상을 가산하여 근로자에게 지급하여야 한다.

1. 8시간 이내의 휴일근로: 통상임금의 100분의 50

2. 8시간을 초과한 휴일근로: 통상임금의 100분의 100

③ 사용자는 야간근로(오후 10시부터 다음 날 오전 6시 사이의 근로를 말한다)에 대하여는 통상임금의 100분의 50 이상을 가산하여 근로자에게 지급하여야 한다.

제57조(보상 휴가제)

사용자는 근로자대표와의 서면 합의에 따라 제51조의3, 제52조제2항 제2호 및 제56조에 따른 연장근로·야간근로 및 휴일근로 등에 대하여 임금을 지급하는 것을 갈음하여 휴가를 줄 수 있다.

2) 해설

(1) 개설

동 규정은 2018년 근로기준법을 개정(법률 제15513호)하기 전까지는 "사용자는 연장근로와 야간근로 또는 휴일근로에 대하여는 통상임금의 100분의 50이상을 가산하여 지급"토록 규정하였으나 2018년 법을 개정하여 각각의 근로에 대해 가산임금을 별도로 규정하였다. 이와 같이 규정한 이유에 대해서는 앞의 제4장-제2절-II-1에서 살펴보았다.

(2) 연장근로

① 가산임금 지급

법 제53조·제59조 및 제69조의 단서에 따라 연장된 시간에 근로한 경우에는 그 시간에 대하여 통상임금의 100분의 50 이상을 가산하여 근로자에게 지급하여야 한다. 연장근로를 제53조 또는 제69조가 정한 시간을 위반(초과)하여 근로한 경우 연장근로 가산임금을 지급하여야 하는가. 학설은 모두 지급하여야 한다고 하고 행정실무에서도 이에 따르고 있다.

② 연장근로시간 계산관련 행정해석

(a) 실근로시간으로 계산

연장근로는 실제 근무한 시간을 기준으로 하므로 주중에 지각·결근이나 휴일이 있으면 그 시간을 빼고 연장근로시간을 계산하며, 예컨대 주중에 하루 결근하거나 휴일이 있어서 실제로 일을 하지 아니한 경우 토요일에 8시간을 근무했더라도 주 전체의 근로시간이 40시간을 넘지 않으면 연장근로수당의 지급의무가 없다. 또한 연장근로 1시간을 포함하여 시업·종업시간을 정한 경우에도 근로시간 도중에 부분파업으로 인하여 실근로시간이 법정근로시간을 초과하지 않는다면 연장근로가산임금을 지급할 의무가 없다(근기 68207-2776, 2002.08.21.).

(b) 연장근로의 경합 시 근로자에게 유리한 것을 적용

1일 단위와 1주 단위의 연장근로가 경합하는 경우에는 중복되지 않게 어느 쪽이든 근로자에게 유리한 것을 적용한다(근기 01254-3558, 1988. 03.09.).

(c) 역일을 달리하더라도 계속적 근로는 하나의 근로로 처리

연장근로가 역일을 달리하여 계속적으로 이어지는 경우에는 전일 근로의 연장으로 보아 가산임금을 지급하여야 한다(근기 68207-402, 2003. 3.31.).

(d) 격일제 근로자가 주휴일 전일에서 역일상 휴일까지 근로한 경우 휴일근로수당 미지급

격일제 근로자가 주휴일 전일에 근로를 개시하여 역일 상 휴일까지 근로한 경우에는 이를 하나의 연속된 근로로 보아 휴일근로수당을 지급하지 않아도 된다(근기 01254-9341, 1990.07.08.).

(e) 교대제 근무조가 변경된 경우 연장근로 또는 휴일근로 해당여부

인사발령으로 인하여 교대조가 변경되어 전일의 근로와 다음날의 근로가 연속하여 이어지는 경우(야간근무 후 바로 주간근무로 이어지는 경우)라면 계속근로가 인정되는 한 전일의 근로의 연속으로 보아 8시간을 초과하는 부분에 대하여는 연장근로 가산임금을 지급하여야 하며, 야간근무를 한 후 09:00에 주간 근무조와 교대하고 당일 다시 야간 근무조에 편성되어 근무한 경우에는 근로가 연속되는 것으로 볼 수 없으므로 각각 별개의 근무로 본다(근기 68207-811. 2002.02.27.).

(f) 자발적 연장근로

사용자가 명시적으로 연장근로를 지시하지 않았다 하더라도 사용자

가 근로자의 노무를 수령함으로써 연장근로에 대한 묵시적 동의 또는 추인이 있었던 것으로 보게 될 경우에는 연장근로 가산임금을 지급하여야 한다(근기 68207-1314, 1997.10.01.).

(3) 휴일근로
① 의의

법 제55조의 휴일 및 약정휴일에 한 근로를 말한다. 즉, 1주 소정근로일 개근 시 주어야 하는 주휴일과 일요일을 제외한 관공서 공휴일에 관한 규정에 따른 공휴일과 그 대체공휴일 및 노사가 단체협약 등으로 정한 약정휴일(대법원 1991.5.14. 선고 90다14089 판결 등)에 근로한 경우를 말한다.

② 가산임금 지급

휴일근로 시 아래와 같이 가산임금을 지급한다. 연장근로에 해당하더라도 연장근로가산임금은 지급하지 않는다.
- 8시간 이내의 휴일근로: 통상임금의 100분의 50
- 8시간을 초과한 휴일근로: 통상임금의 100분의 100

(4) 야간근로

오후 10시부터 다음 날 오전 6시 사이의 근로를 말한다. 이때 통상임금의 100분의 50 이상을 가산한 임금을 지급하여야 한다. 야간근로와 연장근로, 야간근로와 휴일근로가 중복될 때에는 각각의 가산임금을 합하여 지급하여야 한다.

3) 보상휴가제

(1) 의의

보상휴가제는 근로자와 사용자로 하여금 임금과 휴가에 대한 선택의 폭을 넓혀주고 실근로시간 단축에 기여하기 위하여 2003년 도입하였다. 사용자는 근로자대표와의 서면 합의에 따라 소정근로시간외의 시간에 이미 발생한 연장·야간·휴일근로에 대하여 임금을 지급하는 것을 갈음하여 휴가를 줄 수 있다.

(2) 내용

문맥만으로 보면 연장·야간·휴일근로 시간만큼 휴가를 주면 임금지급의무가 없어지는 것처럼 해석할 수도 있으나 동 휴가를 유급으로 하여야 한다고 해석하고 있어 사용자의 비용부담이 줄어드는 것은 아니다. 휴가시간도 연장·야간·휴일근로 시간에 50%가산임금에 비례하는 시간을 더하여 산정하여야 한다. 따라서 활용사례가 많지 않다.

3. 연소자 및 여성에 대한 야간근로와 휴일근로의 제한

1) 관련 규정

【근로기준법】

제70조(야간근로와 휴일근로의 제한)

① 사용자는 18세 이상의 여성을 오후 10시부터 오전 6시까지의 시간
   및 휴일에 근로시키려면 그 근로자의 동의를 받아야 한다.

② 사용자는 임산부와 18세 미만자를 오후 10시부터 오전 6시까지의

시간 및 휴일에 근로시키지 못한다. 다만, 다음 각 호의 어느 하나에 해당하는 경우로서 고용노동부장관의 인가를 받으면 그러하지 아니하다.

1. 18세 미만자의 동의가 있는 경우
2. 산후 1년이 지나지 아니한 여성의 동의가 있는 경우
3. 임신 중의 여성이 명시적으로 청구하는 경우
③ 사용자는 제2항의 경우 고용노동부장관의 인가를 받기 전에 근로자의 건강 및 모성 보호를 위하여 그 시행 여부와 방법 등에 관하여 그 사업 또는 사업장의 근로자대표와 성실하게 협의하여야 한다.

2) 해설
(1) 개설

법 제70조는 여성과 18세 미만 근로자에 대한 야간근로와 휴일근로를 제한하고 있다. 즉, 임산부(임신 중인 여성과 출산 후 1년이 지나지 않은 여성)와 18세 미만 근로자의 야간근로와 휴일근로는 원칙적으로 금지되고, 예외적으로 동의 내지 명시적 청구와 고용노동부 장관의 인가가 있을 때 허용된다. 18세 이상 여성근로자의 야간근로와 휴일근로는 근로자의 동의를 얻어야 한다.

야간근로는 사람의 생체주기를 깨뜨려 특히 신체적으로 약한 여성과 연소자에 대하여 부정적인 영향을 가져오기 때문에 이를 제한하고 있고, 휴일근로를 제한하는 이유는 연소자에게는 휴식을 통하여 신체적·정신적으로 성장할 기회를 부여하고, 여성근로자에게는 그 신체와

모성을 보호하기 위한 것이다.

종래 법은 모든 여성근로자와 18세 미만 연소근로자에 대해 야간근로와 휴일근로를 시키지 못하도록 하고, 예외적으로 그 근로자의 동의와 고용노동부장관의 인가가 있는 경우는 야간근로와 휴일근로를 시킬 수 있도록 하였다. 그러나 여성의 과도한 보호는 여성의 취업을 어렵게 하는 문제를 발생케 하였다. 이에 2001.8.14. 동 규정을 현행과 같이 개정하여 18세 이상의 여성근로자는 고용노동부장관의 인가 없이도 그 근로자의 동의만 있으면 야간근로와 휴일근로를 시킬 수 있도록 하였다.

(2) 18세 이상의 여성

본인의 동의만 받으면 휴일근로 및 야간근로를 시킬 수 있다.

(3) 임산부와 18세 미만 근로자

임산부(임신 중인 여성과 출산 후 1년이 지나지 않은 여성)와 18세 미만 근로자는 원칙적으로 야간근로와 휴일근로가 금지된다. 다만, 18세 미만자의 동의가 있는 경우, 산후 1년이 지나지 아니한 여성의 동의가 있는 경우, 임신 중의 여성이 명시적으로 청구하는 경우에는 근로자의 건강 및 모성보호를 위하여 그 시행여부와 방법 등에 대하여 그 사업 또는 사업장의 근로자대표와 성실히 협의하여야 한다. 동 협의를 한 후 고용노동부 장관의 인가를 받아 야근근로와 휴일근로를 시킬 수 있다.

여기서 휴일은 법정휴일로써 근로기준법 제55조에서 정한 휴일과 근로자의 날 제정에 관한 법률에서 정한 휴일을 의미하며, 노사가 정한 약정휴일은 근로자의 동의가 있으면 가능하고 노동부장관의 인가를 받아야 하는 것은 아니다(여원 68240-561, 2001. 12. 31.). 야간·휴일근로라 함은 본래의 업무를 야간이나 휴일에 수행하는 것으로서, 본래의 업무를 부수적으로 행하는 일·숙직의 경우에는 인가대상이 아니다(여성고용과-1308, 2004. 06. 22.).

제4절 휴식

Ⅰ. 개설

근로기준법은 제4장에 '근로시간과 휴식'이라는 제목 아래 근로시간과 휴식에 관한 규정을 두고 있다.

먼저 제54조에 '휴게'를 제55조에 '휴일'을 제60조에 '연차 유급휴가'를 규정하고 있다. 또한 법 제51조의 2 제3항, 제52조 제2항, 제53조 제7항 및 제59조 제2항에 '휴식(이하 '협의의 휴식'이라 한다.)'을 규정하고 있다. "남녀고용평등법" 제19조 제1항은 '육아휴직[64]'을 규정하고 있다.

법이 규정하고 있는 휴식은 사용자의 지휘·감독으로부터 벗어나 근로로 인한 육체 및 정신의 피로를 회복하도록 함으로써 노동의 재생산을 도모하고 휴식과 자유시간을 통하여 문화생활과 가족과 함께하는 여가를 확보하려는 데 있다(대법원 2004.6.25. 선고 2002두2857 판결 등).

---

64) '휴직'이 휴식에 포함할 것인가 하는 것은 논란의 여지가 있으나 본서에서는 휴식에 포함하여 설명하기로 한다.

휴식시간은 근로를 제공하지 않기 때문에 '무노동 무임금 원칙'에 의거 사용자의 임금지급의무가 없는 것이 원칙이나 개별규정에 유급으로 규정한 경우가 많다.

휴게는 근로시간 도중에 갖는 휴식을 말하며, 협의의 휴식은 근무일 종료 후 다음 근무일 개시 전까지의 휴식을, 휴일은 주중에 일(日) 단위로 갖는 휴식을 말한다. 휴게와 협의의 휴식은 계약상 애초부터 근로의무가 없는 시간이고 휴일은 계약상 애초부터 근로의무가 없는 날이다. 휴가 및 휴직은 근로일은 그대로 두면서 구체적인 근로의무만 면제되고 근로자의 신청에 의해 사용일 또는 기간이 정해진다는 점에서 휴일과 구별된다.

휴직은 휴직일이 출근일수나 재직기간에 포함되지 않는다는 점에서 휴가와 구별된다. 그러나 육아휴직의 경우 사용기간을 법으로 출근일수와 재직기간에 포함되도록 규정하여 구별의 실익이 없다. 다만 병역법에 의한 국방의 의무 수행을 위한 휴직 시 그 기간이 퇴직금 산정을 위한 계속 근로연수 산정과 관련한 논의 시 의미가 있다.

사용목적이 정해진 휴식의 경우 그 목적에 맞게 사용하여야 한다. 주로 육아휴직에서 문제가 되므로 동 제도 설명 시 별도로 설명하기로 한다.

II. 휴게

1. 관련 규정

【근로기준법】

제54조(휴게)

① 사용자는 근로시간이 4시간인 경우에는 30분 이상, 8시간인 경우에는 1시간 이상의 휴게시간을 근로시간 도중에 주어야 한다.

② 휴게시간은 근로자가 자유롭게 이용할 수 있다.

2. 해설

1) 휴게의 의의

휴게시간은 "근로시간의 도중에 사용자의 지휘명령으로부터 해방되어 근로자가 자유로이 이용할 수 있는 시간이다"(대법원 2006. 11. 23. 선고 2006다41990 판결).

2) 휴게시간의 길이 및 배치

법 제54조 제1항은 근로시간이 4시간인 경우 30분 이상, 8시간인 경우에는 1시간 이상의 휴게시간을 근로시간 도중에 주어야 한다고 규정하고 있다.

여기서 문제되는 것은 먼저 4시간을 넘는 시간에 대해 휴게시간을 비례적으로 늘려 주어야하는가 하는 것이다(예를 들면 6시간이 경우 45분). 학설과 행정해석은 그럴 필요가 없다고 한다. 즉 7시간 59분까지는 30분의 휴게시간만 주면 된다고 한다.

다음으로 휴게시간을 '30분 이상', '1시간 이상'으로 규정하고 있을 뿐 최장시간에 대한 규정이 없기 때문에 휴게시간을 긴 시간 부여할 수 있으나 휴게시간을 너무 길게 하는 것은 오히려 근로자에게 불이익을 줄 수 있다. 행정해석(근기68207-3298, 2000.10.25.)은 '작업의 성질 또는 사업장의 근로조건 등에 비추어 사회통념상 필요하고 타당성이 있다고 인정될 수 있는 객관적인 사유가 있고, 이러한 휴게시간이 단체협약이나 취업규칙 및 근로계약 등에 의하여 미리 정해져 있어서 사용자가 임의 변경하거나 연장할 수 없어야 하고, 근로자는 근로의 제공으로부터 완전히 이탈하여 자유로이 이용할 수 있도록 보장되어 있다면 법정시간 이상 상당히 긴 시간(2~4시간)을 휴게시간으로 부여하는 것도 가능하다.'라고 한다.

마지막으로 휴게시간을 근로시간 도중에 주는 것만 규정하고 몇 회를 주어야 하는지에 대한 규정이 없기 때문에 휴게시간을 나누어 줄 수 있다. 그러나 너무 짧은 시간으로 나누는 것은 휴게시간을 형해화할 수 있다. 독일의 경우 휴게시간을 최소 15분 이상 주도록 하고 있으며 우리나라 실무에서는 최소 10분까지는 인정하고 있다.

3) 휴게시간의 자유 이용

휴게시간은 자유롭게 이용할 수 있다. 따라서 휴게시간 중 외출 허가제, 체육활동 금지 등은 허용되지 않는다. 그러나 휴게시간을 자유롭게 이용할 수 있다고 하여 근로자가 사용자의 권리나 다른 근로자의 권리를 침해할 수 있는 것은 아니다. 따라서 사용자의 시설관리권, 기업질서 관리·유지권을 침해하거나 다른 근로자의 휴게시간 자유이용을 침해해서도 안 된다. 휴게시간 중 유인물 배포의 경우 다른 근로자의 작업

에 나쁜 영향을 미치거나 휴게시간의 자유 이용을 방해하거나 구체적
으로 직장질서를 문란케 하는 방법으로 하는 것은 허용되지 않는다.

III. 휴일

1. 관련 규정

【근로기준법】

제55조(휴일)

① 사용자는 근로자에게 1주에 평균 1회 이상의 유급휴일을 보장하여
   야 한다.

② 사용자는 근로자에게 대통령령으로 정하는 휴일을 유급으로 보장
   하여야 한다. 다만, 근로자대표와 서면으로 합의한 경우 특정한 근
   로일로 대체할 수 있다.

【근로기준법 시행령】

제30조(휴일)

① 법 제55조제1항에 따른 유급휴일은 1주 동안의 소정근로일을 개근
   한 자에게 주어야 한다.

② 법 제55조제2항 본문에서 "대통령령으로 정하는 휴일"이란 「관공서
   의 공휴일에 관한 규정」 제2조 각 호(제1호는 제외한다)에 따른 공
   휴일 및 같은 영 제3조에 따른 대체공휴일을 말한다.

【공휴일에 관한 법률】

제1조(목적) 이 법은 국가의 공휴일을 지정함으로써 사회 각 분야의 공휴일 운영에 통일성을 기하는 것을 목적으로 한다.

제2조(공휴일) 공휴일은 다음 각 호와 같다.

1. 「국경일에 관한 법률」에 따른 국경일 중 3·1절, 광복절, 개천절 및 한글날

2. 1월 1일

3. 설날 전날, 설날, 설날 다음 날(음력 12월 말일, 1월 1일, 2일)

4. 부처님 오신 날(음력 4월 8일)

5. 어린이날(5월 5일)

6. 현충일(6월 6일)

7. 추석 전날, 추석, 추석 다음 날(음력 8월 14일, 15일, 16일)

8. 기독탄신일(12월 25일)

9. 「공직선거법」 제34조에 따른 임기 만료에 의한 선거의 선거일

10. 기타 정부에서 수시 지정하는 날

제3조(대체공휴일) ① 제2조에 따른 공휴일이 토요일이나 일요일, 다른 공휴일과 겹칠 경우에는 대체공휴일로 지정하여 운영할 수 있다.

② 제1항의 대체공휴일의 지정 및 운영에 관한 사항은 대통령령으로 정한다.

제4조(공휴일의 적용) 제2조에 따른 공휴일과 제3조에 따른 대체공휴일의 적용은 「국가공무원법」, 「근로기준법」 등 관계 법령에서 정하는 바에 따른다.

【관공서의 공휴일에 관한 규정】

제1조(목적) 이 영은 「국가공무원법」 및 「공휴일에 관한 법률」에 따라 관공서의 공휴일에 관한 사항을 규정함을 목적으로 한다.

제2조(공휴일) 관공서의 공휴일은 다음 각 호와 같다. 다만, 재외공관의 공휴일은 우리나라의 국경일 중 공휴일과 주재국의 공휴일로 한다.

1. 일요일

2. 국경일 중 3·1절, 광복절, 개천절 및 한글날

3. 1월 1일

4. 설날 전날, 설날, 설날 다음날 (음력 12월 말일, 1월 1일, 2일)

5. 삭제

6. 부처님 오신 날 (음력 4월 8일)

7. 5월 5일 (어린이날)

8. 6월 6일 (현충일)

9. 추석 전날, 추석, 추석 다음날 (음력 8월 14일, 15일, 16일)

10. 12월 25일 (기독탄신일)

10의2. 「공직선거법」 제34조에 따른 임기만료에 의한 선거의 선거일

11. 기타 정부에서 수시 지정하는 날

제3조(대체공휴일) ① 제2조제2호부터 제10호까지의 공휴일이 다음 각 호의 어느 하나에 해당하는 경우에는 그 공휴일 다음의 첫 번째 비공휴일(제2조 각 호의 공휴일이 아닌 날을 말한다. 이하 같다)을 대체공휴일로 한다.

1. 제2조제2호 또는 제7호의 공휴일이 토요일이나 일요일과 겹치는 경우

2. 제2조제4호 또는 제9호의 공휴일이 일요일과 겹치는 경우

3. 제2조제2호·제4호·제7호 또는 제9호의 공휴일이 토요일·일요일이 아닌 날에 같은 조 제2호부터 제10호까지의 규정에 따른 다른 공휴일과 겹치는 경우

② 제1항에 따른 대체공휴일이 같은 날에 겹치는 경우에는 그 대체공휴일 다음의 첫 번째 비공휴일까지 대체공휴일로 한다.

③ 제1항 및 제2항에 따른 대체공휴일이 토요일인 경우에는 그 다음의 첫 번째 비공휴일을 대체공휴일로 한다.

제4조(임시공휴일의 지정) 제2조제11호에 따른 공휴일을 지정하려는 경우에는 국무회의의 심의를 거쳐야 한다.

【근로자의 날 제정에 관한 법률】

5월 1일을 근로자의 날로 하고, 이 날을 「근로기준법」에 따른 유급휴일(有給休日)로 한다.

2. 해설

1) 휴일의 의의

휴일이란 처음부터 근로자가 근로를 제공할 의무가 없는 날을 말한다. 휴일은 법으로 규정한 법정휴일과 노사 당사자간에 정한 약정휴일이 있다. 노동법은 법정휴일만을 규정하고 약정휴일에 대해서는 아무런 규정을 두지 않고 노사자치에 맡기고 있다.

법 제55조는 제1항에 유급주휴일을 제2항에 「관공서의 공휴일에 관한 규정」에 규정한 공휴일 중 일요일을 제외한 공휴일에 대하여 유급휴일을 주도록 규정하고 있다. 또한 「근로자의 날 제정에 관한 법률」은 "5월 1일을 근로자의 날로 하고 유급휴일로 한다."라고 규정하고 있다.

법 제55조 제1항의 주휴일 제도는 법에 의한 적용제외근로자(법제 18조제3항 규정의 초단시간 근로자,[65] 법제63조 규정의 농림·축산·수산사업, 감시·단속업무종사자, 관리·감독자·기밀 취급업무종사자)외의 모든 근로자에게 적용된다. 따라서 일정한 간격으로 휴무일이 있는 격일제 근무자, 교대제 근무자, 일용직·임시직 근로자, 파견근로자, 단시간 근로자 등도 동 규정이 적용된다. 제55조 2항의 휴일 규정은 제1항 규정 미적용 근로자와 상시 근로자 수 5명 미만 사업장 소속 근로자는 적용하지 아니한다. 근로자의 날 유급휴일 규정은 모든 근로자에 대해 적용된다.

2) 주휴일

(1) 주휴일의 부여 요건

법 제55조 제1항은 주휴일 부여에 대해 아무런 요건을 정하지 않고 있다. 그러나 시행령 제30조는 제1항에 "법 제55조제1항에 따른 유급휴일은 1주 동안의 소정 근로일을 개근한 자에게 주어야 한다."고 규정하여 시행령에서 부여 요건을 규정하고 있다. 이와 같이 법의 위임 없

---

[65] 4주 동안(4주 미만으로 근로하는 경우에는 그 기간)을 평균하여 1주 동안의 소정근로시간이 15시간 미만인 근로자

이 시행령에서 부여요건을 정하는 것이 적법한지의 문제가 있다. 대법원(2004.6.25. 선고 2002두2857 판결)은 "영 제30조에서 사용자로 하여금 1주간의 소정근로일수를 개근한 근로자에게 1주일에 1회 이상의 유급휴일을 주도록 한 규정은 1주일에 1회 이상의 휴일을 의무화하는 한편 성실근로를 유도·보상하기 위하여 소정근로일수를 개근하는 경우에 유급으로 할 것을 정한 것으로 해석하여야 할 것이므로 근로자가 소정의 근로일수를 모두 근무하지 아니하였다 하더라도 사용자에 대하여 유급휴일을 처리하여 줄 것을 청구할 수 없을 뿐 휴일 자체가 보장되지 않는다고 볼 수는 없다."고 하여, 주휴일의 부여 요건이 아닌 '유급'주휴일의 부여 요건으로 제한 해석하고 있다.

1주간 소정근로일수의 개근은 소정근로일을 모두 출근한 것을 말한다. 소정근로일은 당사자 간 합의에 의해 근로의무가 있는 날을 말하므로 1주간 중 주휴일을 제외한 휴일, 휴가, 공의 직무 수행시간, 휴업, 휴직 등으로 근로의무가 면제된 날은 소정근로일수에서 제외된다.

지각·조퇴·외출 등의 사유로 소정근로시간 전부를 근로하지 못하였다고 하더라도 소정근로일 단위로 그날에 출근하여 근로를 제공한 이상 결근으로 처리할 수는 없는 것이므로 지각·조퇴·외출 3회를 결근 1일로 처리하여 주휴·연차 유급휴가 등에 영향을 미치게 함은 부당하다는 것이 행정해석(근기1451-21279, 1984.10.20.)의 태도이다.

(2) 주휴일 부여 방법

주휴일은 1주일에 1일을 부여하여야 한다. 법문에 '1주에 평균 1회 이상'이라고 하여 1주를 넘는 기간에 주더라도 이를 평균하여 1주일에 1일 이상을 부여해도 된다고 해석을 할 여지가 있으나 학설이나 행정해석 모두 1주일에 1일 이상 부여하여야 한다고 한다.

주휴일 부여 시 1일의 개념은 역월상 1일 즉 0시부터 24까지이다. 그러나 행정해석(기준1455.9-6237, 1969.06.07.)은 교대제 등의 경우 2일에 걸쳐 24시간을 계속하여 부여해도 법 위반이 아니라고 한다. 격일제의 경우 휴무일 중 1일에 대해 유급처리하면 유급주휴일을 부여한 것으로 볼 수 있다고 한다(근기 68207-690, 2002.02.21.).

주휴일은 어느 날에 주어야 하는지에 대해 법 규정이 없기 때문에 반드시 일요일에 주어야 하는 것은 아니며, 단체협약이나 취업규칙·근로계약으로 다른 날로 정할 수 있다.

(3) 유급휴일과 관련한 문제

① 휴무일과의 구분

주40시간 근로제에서 1일 8시간씩 주 5일 근로를 하면서 1일은 유급휴일을 줄 경우 남는 1일을 통상 휴무일이라고 한다. 휴무일은 근로제공의무가 있으나 근무편성이 되지 않는 날로 소정근로일에서 제외되는 날이다. 동 휴무일은 유급휴일이 아니며, 근로할 경우 휴일근로가산수당 지급의무가 없다.[66]

② 유급 금액

법에 유급휴일을 규정하면서 얼마의 수당을 지급하여야 하는지가 규

---

[66] 하갑래 교수는 휴무일은 휴일이라는 주장을 하고 있다. 하갑래, (각주 36), 459면

정되어 있지 않아 논란의 여지가 있다. [67] 행정해석은 1일 소정근로시간에 통상시급을 곱한 금액을 지급하도록 하고 있다.

③ 주휴수당 지급 요건

주휴수당 지급은 1주일 개근하면 지급한다(임금근로시간과-1736, 2021.8.4.). 이와 같이 고용노동부 행정해석이 바뀌기 전에는 근로자가 1주간의 근로계약으로 소정근로일수를 개근하고 퇴사하여 계속 근로하지 못한 경우에는 "평상적 근로관계에 있지 않으므로 주휴일이 발생하지 않는다."(근로기준정책과 6551, 2015.12.07.)고 하였다.

또한, 법에서 1주 동안 소정근로일을 개근한 근로자에게 1회 이상의 유급주휴일을 주도록 한 취지는 근로자의 피로를 회복시켜 노동의 재생산을 꾀하고 생산성을 유지하는 한편 성실근로를 유도·보상하기 위함인바, 1주 동안 소정근로일 전부에 대해 하기휴가 부여, 연차휴가 사용, 병가 사용, 쟁의행위 등으로 근로를 제공하지 아니한 경우 주휴일을 유급으로 주지 않아도 된다(근로기준정책과-7252, 2018.11.01.).

3) 일요일을 제외한 공휴일

(1) 공휴일의 의의

공휴일은 「공휴일에 관한 법률」에 규정된 공휴일을 말한다. 동 법률은 설날을 비롯한 축일·기념일 및 대체공휴일을 공휴일로 규정하고 있다. 공휴일이 다른 공휴일과 겹칠 경우 공휴일 다음날의 첫 번째 비공휴일을 대체공휴일로 하도록 하고 있다. 특별히 3·1절, 광복절, 개천

---

67) 극단적으로 해석하면 휴일에 1,000원이라도 지급하면 유급이라는 주장을 할 수 있다.

절, 한글날, 어린이날의 경우 토요일과 겹칠 때에도 대체공휴일을 주도록 하고 있다(토요일이 3·1절인 경우 다음 월요일인 3월 3일이 대체공휴일이 됨). 대체공휴일이 같은 날에 겹치는 경우에는 그 대체공휴일 다음의 첫 번째 비공휴일까지 공휴일로 하며(예: 개천절이 토요일이고 추석 연휴 마지막 날이 10.4. 일요일인 경우 10.5. 및 10.6.이 대체공휴일이 된다.) 대체공휴일이 토요일인 경우에는 그 다음의 첫 번째 비공휴일을 대체공휴일로 한다. 1월 1일, 부처님 오신 날, 현충일, 기독탄신일, 공직선거일은 대체공휴일 규정이 적용되지 아니한다.

(2) 근로기준법상의 유급휴일인 공휴일

일요일을 제외한 공휴일이다. 이렇게 규정한 이유는 주휴일의 경우 반드시 일요일로 하지 않아도 되기 때문에 주휴일이 주중 다른 날인 경우 주휴일과 일요일을 모두 유급휴일로 할 경우 주휴일이 일요일이 아닌 사업장의 경우 사업경영에 어려움이 있기 때문이다.

(3) 유급 공휴일 부여 요건

월급제 근로자의 경우 계속근로가 예정되어 있으므로 공휴일이 있더라도 정해진 월급여를 지급하면 동 공휴일 유급휴가 수당을 지급한 것이 되어 문제가 없다. 그러나 일용근로자의 경우 하루 일하고 이튿날이 공휴일일 경우 동 공휴일을 유급휴일로 보장하여야 하는가. 원칙적으로 일용근로자의 경우 1일 단위로 근로관계가 성립되기 때문에 공휴일을 유급휴일로 보장할 의무는 없다. 다만, 명칭만 일용근로자일 뿐 계속적으로 근로를 제공할 경우 유급휴일로 보장하여야 한다.

(4) 유급휴일이 중복될 경우 및 유급휴일과 휴무일이 중복될 경우 수
    당지급

주휴일과 다른 유급휴일이 중복될 경우 특별한 정함이 없는 한 근로
자에게 유리한 하나의 휴일에 대해서만 유급처리토록 하고 있다(근로
기준과-2571, 2005. 05. 11.).

유급휴일과 휴무일이 중복될 경우 행정해석(임금근로시간과-743,
2020. 3. 30.)은 '관공서 공휴일을 근로기준법상 유급휴일로 보장토록
한 법 개정 취지는 공무원과 일반근로자가 공평하게 휴식을 취할 수 있
도록 하기 위한 것으로써, 근로자가 관공서 공휴일에 휴식을 취하더라
도 임금의 삭감이 없도록 하여 온전히 휴식을 보장하기 위해 유급으로
정한 것입니다. …… 따라서 휴무일 등 애초부터 근로제공이 예정되어
있지 않은 날이 관공서 공휴일과 겹칠 경우 해당 일을 유급으로 처리하
여야 하는 것은 아닙니다.'라고 하여 무급으로 처리하여도 된다고 한다.

(5) 주휴일이 일요일이 아닌 사업장 및 토요일이 휴무일이 아닌 사업
장의 대체공휴일 문제

주휴일이 일요일이 아닌 사업장 근로자의 경우 대체공휴일 적용에서
불이익을 볼 수 있다. 예를 들면 월요일이 주휴일인 사업장의 경우 월
요일이 공휴일 규정상 대체공휴일과 중복 되었을 경우 화요일을 대체
휴일로 할 수 있는가이다. 노사 당사자 간에 합의하면 가능하나 합의가

없다면 법 해석상 어렵다고 본다.

토요일이 휴무일이 아닌 사업장의 경우 토요일이 공휴일과 겹칠 경우 공휴일 다음의 첫 번째 비공휴일을 대체공휴일로 하도록 한 규정이 적용되는 경우(예: 10.9. 한글날이 토요일과 겹쳐 10.11.이 대체공휴일이 된 경우), 어느 날을 휴일로 할 것인가 하는 것이 문제된다. 공휴일의 취지를 살리려면 토요일을 휴일로 하는 것이 타당하다. 그러나 대체공휴일 규정에 따라 월요일이 공휴일이 되므로 토요일은 근로를 하고 월요일이 휴일이 된다. 그러나 행정해석(2021.8.9. 공휴일법에 따른 공휴일·대체공휴일 Q&A)은 10.9.과 10.11. 모두 휴일로 하여야 한다고 한다. 이는 1일의 공휴일이 2일의 휴일이 되어 해석의 범위를 넘는다고 본다. 또한 공휴일을 휴일로 규정한 법 제55조 제2항 단서 규정상 대체휴일의 '대체'의 해석과도 배치된다.

4) 근로자의 날

근로자의 날 제정에 관한 법률은 5월 1일을 근로자의 날로 정하고 이 날을 근로기준법상의 유급휴일로 하도록 정하고 있다. 유급부여요건 및 유급휴일과의 중복 시 수당지급 등은 공휴일과 같다.

5) 휴일대체제도
(1) 의의

휴일대체제도란 '특정휴일을 근로일로 하고 대신 통상의 근로일을 휴일로 대체하는 제도'이다.

휴일대체는 본래의 휴일을 다른 근로일로 대체한다는 점에서, 현재의 근로에 대한 보상으로 장래에 부여하는 대체휴일과 구분된다.

(2) 유형

① 주휴일을 제외한 법정 공휴일대체제도

2018년 개정 근로기준법은 제55조 제2항 단서에 "근로자대표와 서면 합의한 경우(공휴일인 휴일을) 특정한 근로일로 대체할 수 있다."라고 규정하여 일요일 외의 법정공휴일에 대해 휴일대체제도를 규정하였다.

② 주휴일 및 약정휴일대체제도

주휴일이나 그 밖의 휴일대체에 대해서는 근로기준법에 규정이 없어 해석에 맡겨져 왔다.

(3) 내용

휴일대체가 이루어지면 원래의 휴일은 통상의 근로일이 되고 그날의 근로는 휴일근로가 아닌 통상근로가 된다. 따라서 적법하게 대체된 휴일에 근로를 하였을 경우 휴일근로가 되고 사용자는 근로자에게 휴일근로수당을 지급하여야 한다.

(4) 요건

법정 공휴일대체의 경우 대체 요건을 법으로 정하고 있다. 즉 근로자대표와 서면 합의하여야 한다.

주휴일 및 약정 휴일대체의 경우 판례(대법원 2000. 9. 22. 선고 99다

7367 판결)는 ① 단체협약 등 규정이 존재하거나 근로자의 동의가 있을 것, ② 미리 근로자에게 교체할 휴일을 특정하여 고지할 것 등을 요건으로 휴일대체가 가능하다고 한다. 행정해석(근로개선정책과-875, 2013.01.30.)도 판례와 같이 해석하면서 휴일대체 사실을 적어도 24시간 전에 통보하도록 하고 있다.

  (5) 요건에 대한 검토

  일요일을 제외한 휴일대체제도를 근로기준법에 규정하면서 대체요건을 '근로자대표와 서면 합의'로 규정하였다. 동 규정이 주휴일 대체에도 적용하여야 하는가이다. 사견으로는 주휴일 대체 시에도 적용하여야 한다고 본다. 공휴일보다 더욱 보호되어야 하는 주휴일의 경우 근로자의 동의만으로 휴일을 대체할 수 있다고 하면 근로자보호법 취지에 맞지 않다고 본다.

Ⅳ. 휴가

1. 관련 규정

【근로기준법】

제60조(연차 유급휴가)

① 사용자는 1년간 80퍼센트 이상 출근한 근로자에게 15일의 유급휴가를 주어야 한다.

② 사용자는 계속하여 근로한 기간이 1년 미만인 근로자 또는 1년간 80퍼센트 미만 출근한 근로자에게 1개월 개근 시 1일의 유급휴가를 주어야 한다.

③ 삭제

④ 사용자는 3년 이상 계속하여 근로한 근로자에게는 제1항에 따른 휴가에 최초 1년을 초과하는 계속 근로 연수 매 2년에 대하여 1일을 가산한 유급휴가를 주어야 한다. 이 경우 가산휴가를 포함한 총 휴가 일수는 25일을 한도로 한다.

⑤ 사용자는 제1항부터 제4항까지의 규정에 따른 휴가를 근로자가 청구한 시기에 주어야 하고, 그 기간에 대하여는 취업규칙 등에서 정하는 통상임금 또는 평균임금을 지급하여야 한다. 다만, 근로자가 청구한 시기에 휴가를 주는 것이 사업 운영에 막대한 지장이 있는 경우에는 그 시기를 변경할 수 있다.

⑥ 제1항 및 제2항을 적용하는 경우 다음 각 호의 어느 하나에 해당하는 기간은 출근한 것으로 본다.

1. 근로자가 업무상의 부상 또는 질병으로 휴업한 기간

2. 임신 중의 여성이 제74조제1항부터 제3항까지의 규정에 따른 휴가로 휴업한 기간

3. 「남녀고용평등과 일·가정 양립 지원에 관한 법률」 제19조제1항에 따른 육아휴직으로 휴업한 기간

⑦ 제1항·제2항 및 제4항에 따른 휴가는 1년간(계속하여 근로한 기간이 1년 미만인 근로자의 제2항에 따른 유급휴가는 최초 1년의 근로

가 끝날 때까지의 기간을 말한다) 행사하지 아니하면 소멸된다. 다만, 사용자의 귀책사유로 사용하지 못한 경우에는 그러하지 아니하다.

제61조(연차 유급휴가의 사용 촉진)

① 사용자가 제60조제1항·제2항 및 제4항에 따른 유급휴가(계속하여 근로한 기간이 1년 미만인 근로자의 제60조제2항에 따른 유급휴가는 제외한다)의 사용을 촉진하기 위하여 다음 각 호의 조치를 하였음에도 불구하고 근로자가 휴가를 사용하지 아니하여 제60조제7항 본문에 따라 소멸된 경우에는 사용자는 그 사용하지 아니한 휴가에 대하여 보상할 의무가 없고, 제60조제7항 단서에 따른 사용자의 귀책사유에 해당하지 아니하는 것으로 본다.

1. 제60조제7항 본문에 따른 기간이 끝나기 6개월 전을 기준으로 10일 이내에 사용자가 근로자별로 사용하지 아니한 휴가 일수를 알려주고, 근로자가 그 사용 시기를 정하여 사용자에게 통보하도록 서면으로 촉구할 것

2. 제1호에 따른 촉구에도 불구하고 근로자가 촉구를 받은 때부터 10일 이내에 사용하지 아니한 휴가의 전부 또는 일부의 사용 시기를 정하여 사용자에게 통보하지 아니하면 제60조제7항 본문에 따른 기간이 끝나기 2개월 전까지 사용자가 사용하지 아니한 휴가의 사용 시기를 정하여 근로자에게 서면으로 통보할 것

② 사용자가 계속하여 근로한 기간이 1년 미만인 근로자의 제60조제2항에 따른 유급휴가의 사용을 촉진하기 위하여 다음 각 호의 조치를

하였음에도 불구하고 근로자가 휴가를 사용하지 아니하여 제60조 제7항 본문에 따라 소멸된 경우에는 사용자는 그 사용하지 아니한 휴가에 대하여 보상할 의무가 없고, 같은 항 단서에 따른 사용자의 귀책사유에 해당하지 아니하는 것으로 본다.

1. 최초 1년의 근로기간이 끝나기 3개월 전을 기준으로 10일 이내에 사용자가 근로자별로 사용하지 아니한 휴가 일수를 알려주고, 근로자가 그 사용 시기를 정하여 사용자에게 통보하도록 서면으로 촉구할 것. 다만, 사용자가 서면 촉구한 후 발생한 휴가에 대해서는 최초 1년의 근로기간이 끝나기 1개월 전을 기준으로 5일 이내에 촉구하여야 한다.

2. 제1호에 따른 촉구에도 불구하고 근로자가 촉구를 받은 때부터 10일 이내에 사용하지 아니한 휴가의 전부 또는 일부의 사용 시기를 정하여 사용자에게 통보하지 아니하면 최초 1년의 근로기간이 끝나기 1개월 전까지 사용자가 사용하지 아니한 휴가의 사용 시기를 정하여 근로자에게 서면으로 통보할 것. 다만, 제1호 단서에 따라 촉구한 휴가에 대해서는 최초 1년의 근로기간이 끝나기 10일 전까지 서면으로 통보하여야 한다.

제62조(유급휴가의 대체)

사용자는 근로자대표와의 서면 합의에 따라 제60조에 따른 연차 유급휴가일을 갈음하여 특정한 근로일에 근로자를 휴무시킬 수 있다.

제73조(생리휴가)

사용자는 여성 근로자가 청구하면 월 1일의 생리휴가를 주어야 한다.

제74조(임산부의 보호)

① 사용자는 임신 중의 여성에게 출산 전과 출산 후를 통하여 90일(한 번에 둘 이상 자녀를 임신한 경우에는 120일)의 출산전후휴가를 주어야 한다. 이 경우 휴가 기간의 배정은 출산 후에 45일(한 번에 둘 이상 자녀를 임신한 경우에는 60일) 이상이 되어야 한다.

② 사용자는 임신 중인 여성 근로자가 유산의 경험 등 대통령령으로 정하는 사유로 제1항의 휴가를 청구하는 경우 출산 전 어느 때 라도 휴가를 나누어 사용할 수 있도록 하여야 한다. 이 경우 출산 후의 휴가 기간은 연속하여 45일(한 번에 둘 이상 자녀를 임신한 경우에는 60일) 이상이 되어야 한다.

③ 사용자는 임신 중인 여성이 유산 또는 사산한 경우로서 그 근로자가 청구하면 대통령령으로 정하는 바에 따라 유산·사산 휴가를 주어야 한다. 다만, 인공 임신중절 수술(「모자보건법」 제14조제1항에 따른 경우는 제외한다)에 따른 유산의 경우는 그러하지 아니하다.

④ 제1항부터 제3항까지의 규정에 따른 휴가 중 최초 60일(한 번에 둘 이상 자녀를 임신한 경우에는 75일)은 유급으로 한다. 다만, 「남녀 고용평등과 일·가정 양립 지원에 관한 법률」 제18조에 따라 출산전후휴가급여 등이 지급된 경우에는 그 금액의 한도에서 지급의 책임을 면한다.

⑤ 사용자는 임신 중의 여성 근로자에게 시간외근로를 하게 하여서는 아니 되며, 그 근로자의 요구가 있는 경우에는 쉬운 종류의 근로로 전환하여야 한다.

⑥ 사업주는 제1항에 따른 출산전후휴가 종료 후에는 휴가 전과 동일한 업무 또는 동등한 수준의 임금을 지급하는 직무에 복귀시켜야 한다.

⑦ 사용자는 임신 후 12주 이내 또는 36주 이후에 있는 여성 근로자가 1일 2시간의 근로시간 단축을 신청하는 경우 이를 허용하여야 한다. 다만, 1일 근로시간이 8시간 미만인 근로자에 대하여는 1일 근로시간이 6시간이 되도록 근로시간 단축을 허용할 수 있다.

⑧ 사용자는 제7항에 따른 근로시간 단축을 이유로 해당 근로자의 임금을 삭감하여서는 아니 된다.

⑨ 제7항에 따른 근로시간 단축의 신청방법 및 절차 등에 필요한 사항은 대통령령으로 정한다.

【근로기준법 시행령】

제33조(휴가수당의 지급일) 법 제60조제5항에 따라 지급하여야 하는 임금은 유급휴가를 주기 전이나 준 직후의 임금지급일에 지급하여야 한다.

제43조(유산ㆍ사산휴가의 청구 등) ① 법 제74조제2항 전단에서 "대통령령으로 정하는 사유"란 다음 각 호의 어느 하나에 해당하는 경우를 말한다.

1. 임신한 근로자에게 유산·사산의 경험이 있는 경우

2. 임신한 근로자가 출산전후휴가를 청구할 당시 연령이 만 40세 이상
   인 경우

3. 임신한 근로자가 유산·사산의 위험이 있다는 의료기관의 진단서를
   제출한 경우

② 법 제74조제3항에 따라 유산 또는 사산한 근로자가 유산·사산휴가
   를 청구하는 경우에는 휴가 청구 사유, 유산·사산 발생일 및 임신기
   간 등을 적은 유산·사산휴가 신청서에 의료기관의 진단서를 첨부
   하여 사업주에게 제출하여야 한다.

③ 사업주는 제2항에 따라 유산·사산휴가를 청구한 근로자에게 다음
   각 호의 기준에 따라 유산·사산휴가를 주어야 한다.

1. 유산 또는 사산한 근로자의 임신기간(이하 "임신기간"이라 한다)이
   11주 이내인 경우: 유산 또는 사산한 날부터 5일까지

2. 임신기간이 12주 이상 15주 이내인 경우: 유산 또는 사산한 날부터
   10일까지

3. 임신기간이 16주 이상 21주 이내인 경우: 유산 또는 사산한 날부터
   30일까지

4. 임신기간이 22주 이상 27주 이내인 경우: 유산 또는 사산한 날부터
   60일까지

5. 임신기간이 28주 이상인 경우: 유산 또는 사산한 날부터 90일까지

제43조의2(임신기간 근로시간 단축의 신청) 법 제74조제7항에 따라

근로시간 단축을 신청하려는 여성 근로자는 근로시간 단축 개시 예정
일의 3일 전까지 임신기간, 근로시간 단축 개시 예정일 및 종료 예정
일, 근무 개시 시각 및 종료 시각 등을 적은 문서(전자문서를 포함한다)
에 의사의 진단서(같은 임신에 대하여 근로시간 단축을 다시 신청하는
경우는 제외한다)를 첨부하여 사용자에게 제출하여야 한다.

【남녀고용 평등과 일 · 가정 양립지원에 관한 법률】
제18조(출산전후휴가 등에 대한 지원)

① 국가는 제18조의2에 따른 배우자 출산휴가, 「근로기준법」 제74조에
　 따른 출산전후휴가 또는 유산 · 사산 휴가를 사용한 근로자 중 일정한
　 요건에 해당하는 사람에게 그 휴가기간에 대하여 통상임금에 상당하
　 는 금액(이하 "출산전후휴가급여등"이라 한다)을 지급할 수 있다.

② 제1항에 따라 지급된 출산전후휴가급여등은 그 금액의 한도에서 제
　 18조의2제1항 또는 「근로기준법」 제74조제4항에 따라 사업주가 지
　 급한 것으로 본다.

③ 출산전후휴가급여등을 지급하기 위하여 필요한 비용은 국가재정이
　 나 「사회보장기본법」에 따른 사회보험에서 분담할 수 있다.

④ 근로자가 출산전후휴가급여 등을 받으려는 경우 사업주는 관계 서
　 류의 작성 · 확인 등 모든 절차에 적극 협력하여야 한다.

⑤ 출산전후휴가급여 등의 지급요건, 지급기간 및 절차 등에 관하여 필
　 요한 사항은 따로 법률로 정한다.

제18조의2(배우자 출산휴가)

① 사업주는 근로자가 배우자의 출산을 이유로 휴가(이하 "배우자 출산휴가"라 한다)를 청구하는 경우에 10일의 휴가를 주어야 한다. 이 경우 사용한 휴가기간은 유급으로 한다.

② 제1항 후단에도 불구하고 출산전후휴가급여 등이 지급된 경우에는 그 금액의 한도에서 지급의 책임을 면한다.

③ 배우자 출산휴가는 근로자의 배우자가 출산한 날부터 90일이 지나면 청구할 수 없다.

④ 배우자 출산휴가는 1회에 한정하여 나누어 사용할 수 있다.

⑤ 사업주는 배우자 출산휴가를 이유로 근로자를 해고하거나 그 밖의 불리한 처우를 하여서는 아니 된다.

제18조의3(난임치료휴가)

① 사업주는 근로자가 인공수정 또는 체외수정 등 난임치료를 받기 위하여 휴가(이하 "난임치료휴가"라 한다)를 청구하는 경우에 연간 3일 이내의 휴가를 주어야 하며, 이 경우 최초 1일은 유급으로 한다. 다만, 근로자가 청구한 시기에 휴가를 주는 것이 정상적인 사업 운영에 중대한 지장을 초래하는 경우에는 근로자와 협의하여 그 시기를 변경할 수 있다.

② 사업주는 난임치료휴가를 이유로 해고, 징계 등 불리한 처우를 하여서는 아니 된다.

③ 난임치료휴가의 신청방법 및 절차 등은 대통령령으로 정한다.

제22조의2(근로자의 가족 돌봄 등을 위한 지원)

① 사업주는 근로자가 조부모, 부모, 배우자, 배우자의 부모, 자녀 또는 손자녀(이하 "가족"이라 한다)의 질병, 사고, 노령으로 인하여 그 가족을 돌보기 위한 휴직(이하 "가족돌봄휴직"이라 한다)을 신청하는 경우 이를 허용하여야 한다. 다만, 대체인력 채용이 불가능한 경우, 정상적인 사업 운영에 중대한 지장을 초래하는 경우, 본인 외에도 조부모의 직계비속 또는 손자녀의 직계존속이 있는 경우 등 대통령령으로 정하는 경우에는 그러하지 아니하다.

② 사업주는 근로자가 가족(조부모 또는 손자녀의 경우 근로자 본인 외에도 직계비속 또는 직계존속이 있는 등 대통령령으로 정하는 경우는 제외한다)의 질병, 사고, 노령 또는 자녀의 양육으로 인하여 긴급하게 그 가족을 돌보기 위한 휴가(이하 "가족돌봄휴가"라 한다)를 신청하는 경우 이를 허용하여야 한다. 다만, 근로자가 청구한 시기에 가족돌봄휴가를 주는 것이 정상적인 사업 운영에 중대한 지장을 초래하는 경우에는 근로자와 협의하여 그 시기를 변경할 수 있다.

③ 제1항 단서에 따라 사업주가 가족돌봄휴직을 허용하지 아니하는 경우에는 해당 근로자에게 그 사유를 서면으로 통보하고, 다음 각 호의 어느 하나에 해당하는 조치를 하도록 노력하여야 한다.

1. 업무를 시작하고 마치는 시간 조정
2. 연장근로의 제한
3. 근로시간의 단축, 탄력적 운영 등 근로시간의 조정
4. 그 밖에 사업장 사정에 맞는 지원조치

④ 가족돌봄휴직 및 가족돌봄휴가의 사용기간과 분할횟수 등은 다음 각 호에 따른다.

1. 가족돌봄휴직 기간은 연간 최장 90일로 하며, 이를 나누어 사용할 수 있을 것. 이 경우 나누어 사용하는 1회의 기간은 30일 이상이 되어야 한다.

2. 가족돌봄휴가 기간은 연간 최장 10일[제3호에 따라 가족돌봄휴가 기간이 연장되는 경우 20일(「한부모가족지원법」 제4조제1호의 모 또는 부에 해당하는 근로자의 경우 25일) 이내]로 하며, 일단위로 사용할 수 있을 것. 다만, 가족돌봄휴가 기간은 가족돌봄휴직 기간에 포함된다.

3. 고용노동부장관은 감염병의 확산 등을 원인으로 「재난 및 안전관리 기본법」 제38조에 따른 심각단계의 위기경보가 발령되거나, 이에 준하는 대규모 재난이 발생한 경우로서 근로자에게 가족을 돌보기 위한 특별한 조치가 필요하다고 인정되는 경우 「고용정책 기본법」 제10조에 따른 고용정책심의회의 심의를 거쳐 가족돌봄휴가 기간을 연간 10일(「한부모가족지원법」 제4조제1호에 따른 모 또는 부에 해당하는 근로자의 경우 15일)의 범위에서 연장할 수 있을 것. 이 경우 고용노동부장관은 지체 없이 기간 및 사유 등을 고시하여야 한다.

⑤ 제4항제3호에 따라 연장된 가족돌봄휴가는 다음 각 호의 어느 하나에 해당하는 경우에만 사용할 수 있다.

1. 감염병 확산을 사유로 「재난 및 안전관리 기본법」 제38조에 따른 심각단계의 위기경보가 발령된 경우로서 가족이 위기경보가 발령된

원인이 되는 감염병의 「감염병의 예방 및 관리에 관한 법률」 제2조 제13호부터 제15호까지의 감염병환자, 감염병의사환자, 병원체보 유자인 경우 또는 같은 법 제2조제15호의2의 감염병의심자 중 유증 상자 등으로 분류되어 돌봄이 필요한 경우

2. 자녀가 소속된 「초·중등교육법」 제2조의 학교, 「유아교육법」 제2조 제2호의 유치원 또는 「영유아보육법」 제2조제3호의 어린이집(이하 이 조에서 "학교등"이라 한다)에 대한 「초·중등교육법」 제64조에 따 른 휴업명령 또는 휴교처분, 「유아교육법」 제31조에 따른 휴업 또는 휴원 명령이나 「영유아보육법」 제43조의2에 따른 휴원명령으로 자 녀의 돌봄이 필요한 경우

3. 자녀가 제1호에 따른 감염병으로 인하여 「감염병의 예방 및 관리에 관한 법률」 제42조제2항제1호에 따른 자가(自家) 격리 대상이 되거 나 학교등에서 등교 또는 등원 중지 조치를 받아 돌봄이 필요한 경우

4. 그 밖에 근로자의 가족돌봄에 관하여 고용노동부장관이 정하는 사 유에 해당하는 경우

⑥ 사업주는 가족돌봄휴직 또는 가족돌봄휴가를 이유로 해당 근로자 를 해고하거나 근로조건을 악화시키는 등 불리한 처우를 하여서는 아니 된다.

⑦ 가족돌봄휴직 및 가족돌봄휴가 기간은 근속기간에 포함한다. 다만, 「근로기준법」 제2조제1항제6호에 따른 평균임금 산정기간에서는 제외한다.

⑧ 사업주는 소속 근로자가 건전하게 직장과 가정을 유지하는 데에 도

움이 될 수 있도록 필요한 심리상담 서비스를 제공하도록 노력하여
야 한다.

⑨ 고용노동부장관은 사업주가 제1항 또는 제2항에 따른 조치를 하는
경우에는 고용 효과 등을 고려하여 필요한 지원을 할 수 있다.

⑩ 가족돌봄휴직 및 가족돌봄휴가의 신청방법 및 절차 등에 관하여 필
요한 사항은 대통령령으로 정한다.

【남녀고용 평등과 일 · 가정 양립지원에 관한 법률 시행령】

제9조의2(난임치료휴가의 신청)

① 법 제18조의3제1항에 따라 난임치료를 받기 위한 휴가(이하 "난임
치료휴가"라 한다)를 신청하려는 근로자는 난임치료휴가를 사용하
려는 날, 난임치료휴가 신청 연월일 등에 대한 사항을 적은 문서(전
자문서를 포함한다)를 사업주에게 제출해야 한다.

② 사업주는 난임치료휴가를 신청한 근로자에게 난임치료를 받을 사
실을 증명할 수 있는 서류의 제출을 요구할 수 있다.

제16조의2(가족돌봄휴직 및 가족돌봄휴가의 신청 등)

① 법 제22조의2제1항 본문에 따라 가족돌봄휴직을 신청하려는 근로
자는 가족돌봄휴직을 시작하려는 날(이하 "돌봄휴직개시예정일"이
라 한다)의 30일 전까지 가족돌봄휴직 기간 중 돌보는 대상인 가족
의 성명, 생년월일, 돌봄이 필요한 사유, 돌봄휴직개시예정일, 가족
돌봄휴직을 종료하려는 날(이하 "돌봄휴직종료예정일"이라 한다),

가족돌봄휴직 신청 연월일, 신청인 등에 대한 사항을 적은 문서(전자문서를 포함한다)를 사업주에게 제출하여야 한다.

② 사업주는 근로자가 제1항에 따른 기한이 지난 뒤에 가족돌봄휴직을 신청한 경우에는 그 신청일부터 30일 이내로 가족돌봄휴직 개시일을 지정하여 가족돌봄휴직을 허용하여야 한다.

③ 사업주는 가족돌봄휴직을 신청한 근로자에게 돌봄이 필요한 가족의 건강 상태, 신청인 외의 가족 등의 돌봄 가능 여부 등 근로자의 가족돌봄휴직의 필요성을 확인할 수 있는 서류의 제출을 요구할 수 있다.

④ 법 제22조의2제2항 본문에 따라 가족돌봄휴가를 신청하려는 근로자는 가족돌봄휴가를 사용하려는 날, 가족돌봄휴가 중 돌보는 대상인 가족의 성명·생년월일, 가족돌봄휴가 신청 연월일, 신청인 등에 대한 사항을 적은 문서(전자문서를 포함한다)를 사업주에게 제출해야 한다.

제16조의3(가족돌봄휴직 및 가족돌봄휴가의 허용 예외)

① 법 제22조의2제1항 단서에서 "대통령령으로 정하는 경우"란 다음 각 호의 어느 하나에 해당하는 경우를 말한다.

1. 돌봄휴직개시예정일의 전날까지 해당 사업에서 계속 근로한 기간이 6개월 미만인 근로자가 신청한 경우

2. 부모, 배우자, 자녀 또는 배우자의 부모를 돌보기 위하여 가족돌봄휴직을 신청한 근로자 외에도 돌봄이 필요한 가족의 부모, 자녀, 배우자 등이 돌봄이 필요한 가족을 돌볼 수 있는 경우

3. 조부모 또는 손자녀를 돌보기 위하여 가족돌봄휴직을 신청한 근로자 외에도 조부모의 직계비속 또는 손자녀의 직계존속이 있는 경우. 다만, 조부모의 직계비속 또는 손자녀의 직계존속에게 질병, 노령, 장애 또는 미성년 등의 사유가 있어 신청한 근로자가 돌봐야 하는 경우는 제외한다.

4. 사업주가 직업안정기관에 구인신청을 하고 14일 이상 대체인력을 채용하기 위하여 노력하였으나 대체인력을 채용하지 못한 경우. 다만, 직업안정기관의 장의 직업소개에도 불구하고 정당한 이유 없이 2회 이상 채용을 거부한 경우는 제외한다.

5. 근로자의 가족돌봄휴직으로 인하여 정상적인 사업 운영에 중대한 지장이 초래되는 경우로서 사업주가 이를 증명하는 경우

② 법 제22조의2제2항 본문에서 "조부모 또는 손자녀의 경우 근로자 본인 외에도 직계비속 또는 직계존속이 있는 등 대통령령으로 정하는 경우"란 조부모 또는 손자녀를 돌보기 위하여 가족돌봄휴가를 신청한 근로자 외에도 조부모의 직계비속 또는 손자녀의 직계존속이 있는 경우를 말한다. 다만, 조부모의 직계비속 또는 손자녀의 직계존속에게 질병, 노령, 장애 또는 미성년 등의 사유가 있어 신청한 근로자가 돌봐야 하는 경우는 제외한다.

제16조의4(가족돌봄휴직 신청의 철회 등)

① 가족돌봄휴직을 신청한 근로자는 돌봄휴직개시예정일의 7일 전까지 사유를 밝혀 그 신청을 철회할 수 있다.

② 근로자가 가족돌봄휴직을 신청한 후 돌봄휴직개시예정일 전에 돌봄이 필요한 가족이 사망하거나 질병 등이 치유된 경우에는 그 신청은 없었던 것으로 본다. 이 경우 근로자는 지체 없이 그 사실을 사업주에게 알려야 한다.

제16조의5(가족돌봄휴직의 종료)

① 가족돌봄휴직 중인 근로자는 돌봄이 필요한 가족이 사망하거나 질병 등이 치유된 경우에는 그 사유가 발생한 날부터 7일 이내에 그 사실을 사업주에게 알려야 한다.

② 사업주는 제1항에 따라 통지를 받은 경우 통지받은 날부터 30일 이내로 근무개시일을 지정하여 그 근로자에게 알려야 한다.

③ 근로자는 다음 각 호의 어느 하나에 해당하는 날에 가족돌봄휴직이 끝난 것으로 본다.

1. 제1항에 따라 통지를 하고 제2항에 따른 근무개시일을 통지받은 경우에는 그 근무개시일의 전날

2. 제1항에 따라 통지를 했으나 제2항에 따른 근무개시일을 통지받지 못한 경우에는 제1항의 통지를 한 날부터 30일이 되는 날

3. 제1항에 따른 통지를 하지 않은 경우에는 제1항에 따른 사유가 발생한 날부터 37일이 되는 날

제16조의6(준용)

법 제22조의2제1항에 따른 가족돌봄휴직의 절차 등에 관하여는 제12

조제2항을 준용한다. 이 경우 "휴직종료예정일"은 "돌봄휴직종료예정
일"로 본다.

2. 해설

휴가는 근로일은 그대로 두면서 구체적인 근로의무만 면제된다. 휴
가는 근로자의 신청에 의해 사용일 또는 사용기간이 정해진다.

휴가는 법정휴가 및 약정휴가가 있으며 법정휴가로는 근로기준법상
'연차휴가(제60조)', '생리휴가(제73조)', '출산전후휴가(제74조 제1항)',
'유·사산 휴가(제74조 제3항)'가 있고, 남녀고용평등법상 '배우자 출산
휴가(제18조의 2)', '난임치료휴가(제18조의 3)', '가족돌봄 휴가(제22조
의 2)'가 있다. 약정휴가로는 '경조사 휴가', '하계휴가' 등이 있다.

휴가기간에는 근로를 제공하지 않기 때문에 무급이 원칙이나 법률은
근로자 보호 차원에서 유급으로 정한 경우가 많다. "연차 유급휴가", "배
우자 출산휴가"는 유급이고, "출산전후휴가", "유·사산 휴가", "난임치
료휴가"는 일부 유급이고 "생리휴가", "가족돌봄휴가"는 무급이다.

3. 연차 유급휴가

1) 의의 및 연혁

연차 유급휴가는 1년간 근로한 자에 대해 근로자로 하여금 신체
적·정신적 건강을 회복케 하는 동시에 근로자의 사회적·문화적 생활
을 보장하려는 휴가제도이다.

1953. 3. 10. 근로기준법 제정 시에는 매월 1일의 월차휴가를 주고 1년

간 개근한 근로자에게는 8일, 9할 이상 출근한 근로자에게는 3일의 유급휴가를 주도록 규정하였다. 이때의 연차휴가는 출근율이 높은 근로자에 대해 보상으로 휴가를 주었다.

1961. 12. 4. 개정법은 2년 이상 계속 근로한 근로자에게 계속근로년수 1년에 대하여 1일의 휴가를 가산하도록 하고, 그 휴가일수가 20일을 초과할 경우 초과일수에 대하여는 통상임금을 지급하고 휴가를 주지 않을 수 있도록 하였다.

1980. 12. 31. 개정 때 현행법 제60조 제7항과 같이 1년간 미사용 시 연차휴가 소멸 규정을 신설하였고, 1989. 3. 29. 개정에서는 휴가일수를 1년 개근 때는 10일로, 9할 이상 출근 때는 8일로 휴가일수를 늘렸다. 2003. 9. 15. 주40시간제를 도입하면서 월차휴가를 폐지하고 대신 계속근로년수가 1년이 되지 않는 근로자에게는 1월 개근 시 1일의 유급휴가를 주고, 1년 동안 8할 이상 출근한 근로자에게 15일의 유급휴가를 주며, 3년 이상 계속 근로한 근로자에게는 매 2년마다 1일을 가산하여 최장 25일까지 휴가를 줄 수 있도록 휴가일수를 늘리고 대신 25일을 초과하는 휴가일수에 대해 통상임금을 지급하는 제도를 폐지하였다.

2012. 12. 1. 개정법은 1년에 80% 미만 출근한 근로자에게는 1개월 개근 시 1일의 유급휴가를 주도록 하고, 2017. 11. 28. 개정 시 계속근로기간이 1년 미만인 근로자의 휴가일수를 1년 근무 후 발생하는 15일의 휴가에서 빼도록 하는 규정을 삭제하고, 출근한 것으로 보는 휴업기간에 '육아휴직 기간'을 추가하였다.

2020. 3. 31. 개정법은 계속근로기간 1년 미만 근로자의 연차휴가는 최

초 1년의 근로가 끝날 때 소멸하도록 하고, 동 연차휴가에 대한 사용촉진 제도를 신설하였다.

2) 연차 유급휴가의 요건

사용자는 1년 이상 근로한 근로자가 1년간 80퍼센트 이상 출근하였을 때 15일의 유급 휴가를 주어야 하고(법 제60조 제1항), 계속 근로한 기간이 1년 미만인 근로자 또는 1년간 80퍼센트 미만 출근한 근로자에게 1개월 개근 시 1일의 유급휴가를 주도록 규정하고 있다(법 제60조 제2항).

(1) 적용사업장 및 근로자

연차 유급휴가는 상시근로자 수가 5명 이상인 사업장에 적용된다. 연차휴가 적용여부 상시근로자 수 판단은 '월단위로 근로자 수를 산정한 결과 법적용 사유 발생일 전 1년 동안 계속하여 5명이상의 근로자를 사용'하여야 한다. 따라서 1년 중 1달이라도 상시근로자 수가 5명에 미달하면 연 단위 연차휴가는 발생하지 않는다. 다만, 계속 근로한 기간이 1년 미만인 근로자 또는 1년간 80퍼센트 미만 출근한 근로자는 그 달의 근로자 수가 5명 이상이면 개근 시 1일의 유급휴가가 발생한다. 그러나 계속근로기간 1년을 초과하고 2년은 되지 않는 기간 중 퇴사하는 경우 1년 미만의 기간에 대해서는 연차휴가를 부여할 의무가 없다. 예를 들면 1년 6개월 근무하고 퇴사하였을 경우 6개월에 대한 연차휴가는 발생하지 않는다.

초단시간근로자(4주 동안―4주 미만으로 근로하는 경우에는 그 기간―을 평균하여 1주 동안의 평균근로시간이 15시간 미만인 근로자)에 대하여는 연차 유급휴가 규정이 적용되지 아니한다(법제 18조 제2항).

(2) 휴가일수
① 기본휴가
(a) 연 단위 연차휴가
1년 이상 계속 근무하는 근로자 중 1년간 80% 이상 출근한 자에 대해 연 단위로 15일의 휴가를 주어야 한다.

(b) 월 단위 연차휴가
사용자는 계속근로기간이 1년 미만인 근로자에게 1개월 개근 시 1일의 유급휴가를 주어야 한다. 계속근로기간이 1년 이상인 근로자로서 1년간 80% 미만 출근한 근로자에게 1개월 개근 시 1일의 유급휴가를 주어야 한다.

2012. 12. 1. 계속근로기간 1년 미만 근로자의 1개월 개근 시 1일의 유급휴가를 주도록 하는 제도를 도입하면서 동 휴가 사용 시 계속근로 1년 이상 근무 시 주어지는 15일의 휴가에서 빼도록 하였으나, 2017. 11. 28. 개정 시 동 규정을 삭제하였다. 이에 따라 입사 후 1년을 개근하였을 경우 월 단위 연차휴가 11일, 연 단위 연차휴가 15일 합계 26일의 휴가가 발생한다. 입사 후 11개월 동안에는 월 단위 연차휴가 발생과 연 단위 연차휴가 발생 요건이 중복되어 2중으로 휴가가 주어지는 문제가 있다. 최근 대법원(2021. 10. 14. 선고 2021다227100 판결)은 '1년 기간제 근로계약을 체결한 근로자의 경우 최대 11일의 연차휴가를 주는 것이 맞는다.'라고 하면서 그 이유로 '기간을 정하여 근로계약을 체결한 근로

자의 경우 그 기간이 만료됨으로써 근로자로서의 신분관계는 종료된다. 연차휴가를 사용할 권리는 그 전년도 1년간의 근로를 마친 날 발생하므로, 그전에 근로관계가 종료한 경우에는 연차휴가를 사용할 권리에 대한 보상으로서의 연차휴가 수당을 청구할 수 없다고 한다.' 또한 '1년 기간제근로자에게 26일의 연차휴가를 부여하는 것은 장기근속자라도 1년에 최장 25일의 연차휴가를 주도록 한 규정을 초과하는 것으로 형평의 원칙에도 반한다'고 한다. 이에 고용노동부도 만 1년간 근로하고 퇴직한 근로자의 경우 11일의 연차 유급휴가가 발생하고 따라서 11일의 연차휴가 미사용 수당을 청구할 수 있는 것으로 행정해석을 변경(임금근로시간과-2861, 2021. 12. 15.)하였다.

② 가산휴가

사용자는 3년 이상 계속해서 근로한 근로자에게는 연 단위 연차휴가 15일에 2년에 1일을 가산한 휴가를 주어야 하며 그 한도는 기본휴가 15일 포함 25일이다.

행정해석(근기 01254-1488, 1989. 01. 28.)은 전년도 출근율이 80% 미만이어서 기본 연차휴가가 발생하지 않는 근로자에게는 가산휴가가 발생하지 않는다고 한다. 즉 출근율을 충족시키지 못하고 월 단위 휴가가 발생하더라도 가산의 전제가 되는 기본휴가가 발생하지 않으므로 가산휴가는 발생하지 않는다.

(3) 계속근로기간과 출근율의 산정

① 계속근로기간

1년 이상 계속근로라 할 때 1년의 기산점은 근로자를 채용한 날이다. 계속근로는 당해사업장에서 계속근로를 제공하고 있음을 뜻한다. 여기서의 근로제공은 현실적으로 근로제공을 하지 않더라도 근로계약관계가 유지되고 있는 것도 포함한다.

② 출근율 산정

출근율은 소정근로일에 실제로 근로를 제공하기 위해 사업장에 출근한 날의 비율을 말한다. 소정근로일에 출근하지 않은 날에 대해 법률 규정이나 관례로 출근하는 날로 보도록 하는 날은 출근한 날로 간주한다. 고용노동부의 "연차휴가 부여를 위한 소정일수 및 출근율 계산방법(임금근로시간과-30, 2019. 4. 25.)"에 규정한 관련 내용은 아래와 같다.

(a) 법령 또는 약정에 의한 휴일; 소정근로일수에서 제외

법령상 또는 약정에 의하여 사전에 근로하지 않기로 한 다음의 날은 소정근로일수를 계산할 때 이를 제외한다.

- 주휴일, 일요일을 제외한 공휴일 및 대체휴일, 근로자의 날, 약정휴
  일, 휴무일 등

(b) 근로제공의무가 정지된 날(기간): 소정근로일수에서 제외하고 그 제외한 기간만큼 비례하여 휴가일수 축소부여한다. 다만, 근로제공의무가 정지된 날을 제외하고도 소정근로일의 80% 이상 출근하였을 때에는 휴가일수를 비례축소하지 않는다. ⇒ 15일×〔(연간 총 소정근로일수-특별한 사유로 근로제공의무가 정지된 일수)÷연간 총 소정근로일수〕

- 사용자의 귀책사유로 인한 휴업기간
- 코로나 19관련 집합금지명령으로 인한 무급휴직자
- 적법한 쟁의행위 기간(정당한 직장폐쇄기간 포함)
- 부당징계기간, 부당해고기간, 해외연수기간, 재택대기기간, 대기발
  령기간(노무관리상 필요), 근로시간 면제자 등
- 병력 특례자가 군사교육을 받는 기간은 임금을 지급할 의무는 없으
  나 연차휴가, 퇴직금 산정에 있어서는 근속년수에 포함됨(근기01254-
  269, 1993.02.22.)
- 남녀고용평등법에 의한 가족돌봄휴직기간 등
- 근로계약, 취업규칙 또는 단체협약 등에 근거하거나 사용자의 허락
  하에 부여받은 약정 육아휴직 또는 업무외 부상·질병 등의 휴직 기간
(c) 법령상 또는 성질상 출근한 것으로 보아야 하는 날(기간): 소정근
로일수에 포함하고 출근으로 처리
- 업무상 재해로 인한 휴업기간, 출산전후휴가기간
- 가족돌봄휴가기간(여성고용정책과-628, 2020.2.12.)
- 남녀고용평등법에 의한 육아휴직기간
- 연차 유급휴가, 생리휴가, 배우자 출산휴가
- 공민권 행사를 위한 휴무일(각종 투표 및 선거일)
- 예비군 훈련기간(예비군법 제10조)
- 민방위 훈련 또는 동원기간(민방위 기본법 제23조)
(d) 소정근로일수에 포함하고, 결근으로 처리하는 날(기간)
- 근로자의 귀책사유로 인해 근로하지 않은 휴직기간(사용자의 허락

없는 질병 휴직, 형사구금 등)

- 정당한 징계기간(정직 등), 불법파업기간

(4) 단시간근로자의 연차 유급휴가 산정 및 사용기준

근로기준법상 단시간근로자의 연차 유급휴가는 시간단위로 산정하되, 행정해석은 1시간 미만은 1시간으로 보도록 하고 있다. 통상근로자의 소정근로시간이 8시간이고 해당 단시간 근로자의 소정근로시간이 4시간이라면 1일 4시간의 유급휴가를 주면 된다.

연차산정기간에는 단시간근로자(1일 4시간)였으나 이를 사용하는 기간에는 통상근로자(1일 8시간)인 경우 15일의 연차 휴가가 발생하였다면 7.5일만 주면 된다. 반대의 경우는 15일(15일×4시간)은 휴가를 주고 나머지 60시간은 수당으로 지급한다는 것이 행정해석의 태도이다.

(5) 특수한 근무형태와 연차휴가

① 교대제 근무자

2근무일, 1휴무일 형태의 교대제 근로인 경우에는 근로자가 휴가사용을 청구한 날에 주어야 하며 1일의 휴가를 사용한 것으로 본다.

② 격일제 근무자

격일제 근로의 경우 근무일의 근무를 전제로 다음날(비번일)에 휴무하는 것이므로 1근무일과 다음날 비번일을 함께 휴무하였다면 2일의 휴가를 사용한 것으로 본다. 근로자가 1일의 휴가를 사용한 것으로 처리해줄 것을 요구한 때에는 사용자는 근무일 다음날인 비번일에 근무일 근로시간의 절반에 해당하는 근로를 시킬 수 있다.

③ 학교에서 근무하는 근로자

- 방학기간을 제외하고 반복적으로 근로계약을 체결하였을 경우: 1년 중 일정기간 동안 계속근로를 제공하지 아니한 공백이 있으므로 1년간 계속근로로 보기 어려워 연차 유급휴가는 발생하지 아니하나, 매년마다 월 단위 개근여부에 따라 발생하는 연차 유급휴가는 주어야 한다(임금근로시간정책팀-1663, 2007.05.01.).

- 방학기간을 포함하여 근로계약을 체결하였을 경우: 연차 유급휴가는 1년간 계속 근로한 경우(80% 이상 출근)에 발생함이 원칙이므로 1년 중 근로제공이 중단된 기간이 있는 경우 연차 유급휴가를 부여하지 않더라도 근로기준법 위반 문제는 발생하지 아니하나, 매년마다 월 단위 개근여부에 따라 발생하는 연차 유급휴가는 주어야 한다.

(6) 기타 연차휴가 관련 문제

① 연차 유급휴가 사용계획서를 요구하는 것이 근로자의 기본권을 침해하는지 여부

사용자가 근로자에게 연차휴가 사용 계획을 받아 휴가 사용을 적극 권고하는 것은 휴가 제도의 본래취지를 살리는 것으로 근로자의 기본권을 침해하는 것으로 볼 수 없다는 것이 행정해석(근로조건지도과-3559, 2008.09.03.)의 태도이다.

② 부서장의 휴가승인 없이 휴가원만 제출하고 출근하지 아니한 근로

자에 대한 결근처리 정당성 여부

행정해석(근로기준과-1457, 2010.06.18.)은 근로자들이 집단적·일방적으로 연차 유급휴가를 청구함으로써 사업의 정상적 운영을 저해하는 경우가 아니라면 원칙적으로 연차 유급휴가는 근로자들이 원하는 시기에 부여하여야 할 것이라고 하여 결근처리를 부정적으로 보고 있다.

3) 휴가시기

(1) 시기 지정권

휴가는 근로자가 청구한 시기에 주어야 한다(법 제60조 제5항). 이렇게 휴가시기를 근로자가 정할 수 있는 권리를 근로자의 '시기 지정권'이라 한다.

휴가시기에는 아무런 제한이 없고, 사용할 수 있는 기간 중에 어느 날이든 지정할 수 있다. 취업규칙 등에 근로자가 휴가를 사용하기 위해서는 사전에 신청하여 사용자의 승인을 얻어야 한다고 규정한 것이 시기 지정권을 침해하는 것이 아닌지와 관련하여 대법원(1992.6.23. 선고 92다7542 판결)은, 그와 같은 규정이 휴가 시기 지정권을 박탈하는 것은 아니라고 한다. 이는 단지 사용자에게 유보된 휴가 시기 변경권을 적절하게 행사하기 위한 규정이고, 법 위반은 아니라고 하면서 휴가를 신청한 후 사용자의 승인을 얻지 않은 채 출근하지 않은 것을 무단결근으로 보았다.

시기 지정의 형식에는 아무런 제한이 없으나, 근로자의 시기 지정권에 대응하여 사용자에게는 시기 변경권이 있으므로 적어도 사용자로

하여금 시기 변경권의 행사여부를 결정할 만한 시간적 여유를 두고 시기를 정하여야 한다.

판례(대법원 1997. 3. 25. 선고 96다4930 판결)는 근로자가 그 시기를 특정하지 아니한 채 시기 지정(휴가 신청)을 하는 것은 적법한 시기 지정이 아니어서 무효라고 한다.

(2) 사용자의 시기 변경권

사용자는 근로자가 신청한 시기에 유급휴가를 주는 것이 사업운영에 막대한 지장이 있는 경우에는 그 시기를 변경할 수 있다(법 제60조 제5항 단서). 이와 같이 사용자가 근로자의 휴가신청에 대해 휴가시기를 변경할 수 있는 권리를 시기 변경권이라 한다.

사업운영에 막대한 지장이 있는지 여부는 휴가 청구자가 담당하는 업무의 성질, 작업의 바쁜 정도, 대행자의 배치난이도, 같은 시기에 휴가를 청구하는 근로자의 수 등을 고려하여 판단하되 사회통념상 합리성이 있어야 한다. 대법원(1991. 12. 24. 선고 91도2323 판결)은 노동조합에서 조합의 주장을 관철할 목적으로 하루 전에 조합원 307명 중 181명으로 하여금 사용자 측에 집단적으로 월차휴가를 신청하게 하여 업무수행의 지장을 이유로 한 신청 반려에도 불구하고 하루 동안 일제히 월차휴가를 실시하게 하였다면, 위 집단적 월차휴가는 형식적으로는 월차휴가권을 행사하려는 것이었다고 하여도 사용자 측 업무의 정상한 운영을 저해하는 행위를 하여 그들의 주장을 관철할 목적으로 하는 것으로서 실질적으로는 쟁의행위에 해당한다고 한다.

4) 연차휴가의 사용 촉진

근로기준법 제61조는 연차휴가 사용 촉진을 규정하고 있다. 동 조항은 연차 유급휴가 미사용 수당 지급과 관련하여 사용자가 근로자에게 연차휴가를 사용토록 하여도 근로자가 연차휴가를 사용하지 않았다는 다툼이 있어 이를 명확히 하기 위하여 규정한 것이다.

(1) 연 단위 연차휴가

① 휴가 사용기간 6개월 전을 기준으로 10일 이내에 사용하지 않은 휴가일수를 알려주고, 근로자가 그 사용 시기를 정하여 사용자에게 통보하도록 서면으로 촉구

② 근로자가 촉구를 받은 때부터 10일 이내에 사용하지 않은 휴가의 전부 또는 일부의 사용시기를 정하여 사용자에게 통보

③ 근로자가 위 ②항의 통보를 하지 아니하면 사용자는 휴가 사용기간 만료 2개월 전까지 근로자의 사용하지 아니한 휴가의 사용 시기를 정하여 통보

④ 사용자가 위와 같은 조치를 한 경우 미사용 휴가에 대하여 보상할 의무가 없음.

* 회계년도 단위로 연차휴가를 부여하는 경우 연차휴가 사용촉진 시기
① 항의 촉구: 7.1.-7.10, ② 항의 통보: 10일 이내, ③ 항의 통보: 10.31. 까지

(2) 월 단위 연차휴가

① 최초 1년의 근로기간이 끝나기 3개월 전을 기준으로 10일 이내에 사용자가 근로자별로 사용하지 아니한 휴가 일수를 알려주고 그

사용시기를 정하여 사용자에게 통보하도록 서면 촉구. 다만 앞의 촉구 후 발생한 휴가에 대해서는 최초 1년의 근로기간이 끝나기 1개월 전을 기준으로 5일 이내에 촉구

② 근로자가 촉구를 받은 때부터 10일 이내에 사용하지 않은 휴가의 전부 또는 일부의 사용시기를 정하여 사용자에게 통보

③ 근로자가 위 ②항의 통보를 하지 아니하면 사용자는 휴가 사용기간 만료 1개월 전까지 근로자의 사용하지 아니한 휴가의 사용시기를 정하여 통보, ①항 단서에 따라 촉구한 휴가에 대해서는 최초 1년의 근로기간이 끝나기 10일 전까지 서면으로 통보

④ 사용자가 위와 같은 조치를 한 경우 미사용 휴가에 대하여 보상할 의무가 없음.

* 회계년도 단위로 연차휴가를 부여하는 경우 연차휴가 사용촉진 시기
① 항의 촉구: 10.1.-10.10.(단서의 경우 12.1-12.5) ② 항의 통보: 10일 이내, ③ 항의 통보: 11.30.까지(단서의 경우 12.21.)

5) 유급휴가의 대체

(연차)유급휴가의 대체는 근로자대표와의 서면 합의에 따라 사업장 근로자 전체가 실시하는 집단적 성질의 휴가 실시제도이다. 근로자대표와의 서면 합의에 의하여 특정 근로일에 근로자를 휴무시킬 수 있으며, 특정 근로일이라 함은 근로의무가 있는 소정근로일 중의 특정일(명절 전후의 근로일, 징검다리 근로일 등)을 말한다.

행정해석은 과거에는 취업규칙에 의한 연차휴가 대체가 가능하다고 하였으나(근기68207-1585, 2000.5.24.) 현재는 적법한 취업규칙 변경

절차를 거쳐 유급휴가 대체를 취업규칙에 규정하였더라도 근로자대표와의 서면 합의가 없다면 적법한 연차 유급휴가 대체로 볼 수 없다고 한다(임금근로시간과-687, 2019. 7. 9.).

6) 연차 유급휴가 미사용 수당

연차 유급휴가 미사용 수당을 청구할 수 있는 권리는 원칙적으로 연차 유급휴가를 청구할 수 있는 권리가 소멸한 날의 다음 날 발생한다. 동 수당의 지급시기는 연차 유급휴가를 실시할 수 있는 1년의 기간이 만료된 후 최초의 임금정기지급일이다.

연차 유급휴가를 1년간 사용하지 아니하여 휴가청구권이 소멸한 미사용 휴가일수에 대한 수당은 최종 휴가청구권이 있는 달의 임금정기지급일의 평균임금 또는 통상임금을 기준으로 산정한다.

* 최저임금이 통상임금인 근로자가 2020년의 출근율에 따라 발생한 연차휴가 15일을 2021년에 사용하지 않은 경우, 미사용수당은 최종 휴가청구권이 있었던 2021. 12월의 임금(시급 8,720원)을 기준으로 산정하여 지급함(수당청구권이 2022. 1. 1. 발생하였다고 하여 2022년의 최저임금시급인 9,160원을 기준으로 지급하는 것이 아님).

만 1년만 근무하고 퇴직한 경우 연차 유급휴가 미사용 수당 지급과 관련하여 과거 행정 해석은 이때의 수당을 '연차 유급휴가 근로수당'으로 보고 근로일이 없이 퇴직한 경우 연차 유급휴가 근로수당을 지급하지 않아도 된다(근기68201-695, 2000. 10. 등)고 하였으나 판례는 이때의 수당을 '연차 유급휴가 미사용 수당'으로 보고 이때도 수당을 지급하여야 한다(대법원 2005. 5. 27. 선고 2003다48459, 48556 판결)고 판결하였다. 이에 따라 행정해석을 판례에 맞게 변경(임금근로시간 정책팀-2820, 2006. 9. 21.)하여 만 1년만 근로하고 퇴직한 경우도 동 기간 중 발생한 연차휴가에 대한 미사용 수당을 지급하도록 하고 있다. 그러나 앞의 제3항-1)-(2)-①-(b)에서 본 바와 같이 최근 대법원(2021. 10. 14. 선고 2021다227100 판결)은 만 1년 근로하고 퇴직 시 11일의 유급휴가가 부여된다고 하여 과거 행정해석과 같은 판결을 하였다. 이에 다시 고용노동부는 앞의 변경된 대법원 판결과 같이 만 1년간 근로하고 퇴직한 근로자의 경우 11일의 연차 유급휴가가 발생하고 따라서 11일의 연차휴가 미사용 수당을 청구할 수 있는 것으로 행정해석을 변경(임금근로시간과-2861, 2021. 12. 15.)하였다.

4. 생리휴가

생리휴가는 여성근로자가 생리기간 중 무리하게 근무함으로써 정신적·육체적으로 건강을 해치는 것을 방지하기 위한 것이다.

동 제도는 1953년 제정 근로기준법은 '여자가 생리휴가를 요구하는 경우에는 월 1일의 유급휴가'를 주도록 규정하였다. 이후 1989. 3. 29. 법 개정 시 '요구하는 경우'를 삭제하여 '여자인 근로자에 대하여' 월 1일의 유급휴가를 주도록 하였다. 그러나 생리휴가 제도 자체를 규정한 나라가 일본과 인도네시아 정도이고 유급으로 규정한 나라는 우리나라가 유일하여 많은 논란이 있었다. 이에 따라 2003. 9. 15. '주40시간제'를 도입하는 근로기준법 개정 시 유급 규정을 삭제하고 현재와 같이 여성근로자가 청구하면 1일의 생리휴가를 주도록 하였다.

동 휴가는 여성의 청구가 있으면 주도록 되어 있어 여성근로자가 청구하지 않으면 줄 의무가 없다. 동 휴가는 생리일에 주는 것이므로 이를 모아두거나 나누어 사용할 수 없음은 당연한 것이다.

5. 출산전후휴가

1) 의의 및 연혁

출산전후휴가는 임신 중의 여성근로자에게 출산전후에 주어지는 휴가를 말한다. 출산전후 일정한 기간 근로제공의무를 면제함으로써 산모와 태아의 건강을 보호하고자 하는 제도이다.

1953. 5. 10. 제정법에서는 출산전후휴가기간이 60일이었다. 그 후 1961. 12. 4. 법 개정 때 산후에 30일 이상 확보되도록 하는 규정을 두었다. 2001. 8. 14. 개정법은 휴가일수를 90일로, 출산 후 보장일수를 45일로 휴가일수를 늘리고, 최초 60일은 유급으로 하도록 하였다. 2014. 1. 21. 개정법은 다태아의 휴가일수를 120일로 늘리고, 출산 후 보장일수를 60일로 늘리면서, 최초 75일을 유급으로 하고, 나머지 45일분은 고용보험으로 지원토록 했다.

2) 적용 대상

출산 휴가는 기업규모, 근로자의 종류, 출근성적, 근로형태 등과 관계없이 여성근로자가 임신 및 출산을 할 경우 주어진다.

3) 휴가기간

휴가기간은 총 90일이다. 다만 다태아의 경우는 120일이다.

휴가기간 중 45일(다태아의 경우 60일) 이상을 출산 후에 보장토록
하고 있다.

4) 사용방법

휴가는 원칙적으로 출산일을 전후하여 연속적으로 사용하여야 한다.
다만 '① 임신한 근로자에게 유산·사산의 경험이 있는 경우, ② 임신한
근로자가 출산전후휴가를 청구할 당시 연령이 만 40세 이상인 경우, ③
임신한 근로자가 유산·사산의 위험이 있다는 의료기관의 진단서를 제
출한 경우'에는 출산전 휴가를 어느 때라도 나누어 사용할 수 있다.

5) 휴가일수의 계산

출산전후휴가의 경우 휴가일수 산정은 휴가의 일반원칙과 다르게 휴
일을 포함한다는 것이 행정해석의 태도이다(여성고용팀-333, 2006.
1.24.). 그러나 유산 우려 등으로 나누어 사용하는 출산전 휴가의 경우
휴일 포함여부가 문제될 수 있다.

6) 출산휴가 보상

출산휴가 중 60일분에 대해 유급으로 하도록 하고 있다. 동 유급 금액
은 통상임금이다. 고용보험법상 우선지원대상기업의 경우 고용보험에
서 90일분 통상임금 전액을 지급한다. 대기업의 경우 유급 60일분을 제
외한 30일분에 대해 고용보험에서 지급한다. 고용보험에서 지급이 이

루어질 경우 사용자는 지급책임을 면한다. 다만 고용보험에서의 지급액은 상한액이 있어 회사의 통상임금이 고용보험 상한액보다 많을 경우 그 차액은 사용자가 지급하여야 한다.

6. 유·사산 휴가

1) 의의 및 연혁

유·사산 휴가는 유·사산으로 인한 산모의 건강을 보호하기 위한 제도이다. 2005.5.31. 근로기준법을 개정하여 동 제도를 도입하였다.

2) 적용대상

위 출산전후휴가제도와 같으며 인공중절 수술에 의한 유·사산은 적용대상이 아니다.

3) 휴가기간

유·사산 휴가기간은 유·사산일 기준으로 임신기간에 따라 휴가기간을 달리하고 있다. 임신기간이 11주 이내는 유·사산일 기준 5일까지, 12~15주는 10일까지, 16주~21주는 30일까지, 22주~27주는 60일까지, 28주 이상은 90일까지이다.

4) 사용방법

유·사산일부터 연속적으로 사용하여야 한다. 예를 들면 임신기간이 28주 이상인 경우 유·사산일로부터 90일이 지나면 휴가를 사용할 수 없다.

5) 휴가일수 계산, 휴가 보상

출산전후휴가와 같다.

7. 배우자 출산휴가

1) 의의

일과 가정의 양립과 저출산 문제를 해결하기 위해 2007년 남녀고용 평등법을 개정하여 배우자 출산휴가제도를 도입하였다. 도입 시에는 3일 무급이었으나 2012년에 '유급 3일 포함 5일'로 늘고, 2019년에는 휴가기간이 유급 10일로 늘어나면서 1회에 한하여 분할 사용할 수 있도록 하였다.

2) 내용

사업주는 근로자가 배우자의 출산을 이유로 휴가(이하 "배우자 출산휴가"라 한다)를 청구하는 경우에 10일의 휴가를 주어야 한다. 이 경우 사용한 휴가기간은 유급으로 한다.

휴가기간 중 5일에 대하여 고용보험에서 배우자 출산휴가급여를 지급한다. 동 급여가 지급된 경우에는 그 금액의 한도에서 지급의 책임을 면한다.

동 휴가는 1회에 한정하여 나누어 사용할 수 있고 근로자의 배우자가 출산한 날부터 90일이 지나면 청구할 수 없다.

8. 가족돌봄휴가

1) 의의

근로자가 가족생활을 돌봄으로써 일과 가정 그리고 일과 생활을 양립시켜 행복추구권을 실현하기 위해 마련된 제도이다. 2012년 가족돌봄휴직을 먼저 도입하고 가족돌봄휴가는 2019년 도입하였다.

2) 내용

조부모, 부모, 배우자, 배우자의 부모, 자녀 또는 손자녀(이하 '가족'이라 한다.)의 질병, 사고, 노령 또는 자녀의 양육으로 인하여 긴급하게 그 가족을 돌보기 위하여 휴가를 신청하는 경우 휴가를 허용하여야 한다. 다만, 근로자가 청구한 시기에 주는 것이 정상적인 사업운영에 중대한 지장을 초래하는 경우에는 근로자와 협의하여 그 시기를 변경할수 있다.

3) 휴가기간

휴가기간은 10일이다. 다만, 감염병 확산을 원인으로 가족돌봄휴가기간이 연장되는 경우 20일(「한부모가족지원법」 제4조제1호의 모 또는 부에 해당하는 근로자의 경우 25일)이다. 동 휴가기간은 가족돌봄 휴직기간 90일에 포함된다.

4) 사용방법

휴가는 일(日) 단위로 사용할 수 있다.

5) 보장 내용

사업주는 가족돌봄휴가 사용을 이유로 해당 근로자를 해고하거나 근로조건을 악화시키는 등 불리한 처우를 하여서는 아니된다.

동 휴가기간은 근속기간에 포함된다. 그러나 동 휴가기간이 무급이기 때문에 평균임금 산정기간에서는 제외된다.

Ⅴ. 협의의 휴식(1일 11시간 휴식제)

1. 관련 규정

【근로기준법】

제51조의2(3개월을 초과하는 탄력적 근로시간제)

② 사용자는 제1항에 따라 근로자를 근로시킬 경우에는 근로일 종료 후 다음 근로일 개시 전까지 근로자에게 연속하여 11시간 이상의 휴식 시간을 주어야 한다. 다만, 천재지변 등 대통령령으로 정하는 불가피한 경우에는 근로자대표와의 서면 합의가 있으면 이에 따른다.

제52조(선택적 근로시간제)

② 사용자는 제1항에 따라 1개월을 초과하는 정산기간을 정하는 경우에는 다음 각 호의 조치를 하여야 한다.

1. 근로일 종료 후 다음 근로일 시작 전까지 근로자에게 연속하여 11시간 이상의 휴식 시간을 줄 것. 다만, 천재지변 등 대통령령으로 정하는

불가피한 경우에는 근로자대표와의 서면 합의가 있으면 이에 따른다.

제59조(근로시간 및 휴게시간의 특례)

① 「통계법」 제22조제1항에 따라 통계청장이 고시하는 산업에 관한 표준의 중분류 또는 소분류 중 다음 각 호의 어느 하나에 해당하는 사업에 대하여 사용자가 근로자대표와 서면으로 합의한 경우에는 제53조제1항에 따른 주(주) 12시간을 초과하여 연장근로를 하게 하거나 제54조에 따른 휴게시간을 변경할 수 있다.

1. 육상운송 및 파이프라인 운송업. 다만, 「여객자동차 운수사업법」 제3조제1항제1호에 따른 노선(노선) 여객자동차운송사업은 제외한다.
2. 수상운송업
3. 항공운송업
4. 기타 운송관련 서비스업
5. 보건업

② 제1항의 경우 사용자는 근로일 종료 후 다음 근로일 개시 전까지 근로자에게 연속하여 11시간 이상의 휴식 시간을 주어야 한다. [시행일:2018.9.1.]

【근로기준법 시행령】

제28조의2(3개월을 초과하는 탄력적 근로시간제에 관한 합의사항 등)

② 법 제51조의2제2항 단서에서 "천재지변 등 대통령령으로 정하는 불가피한 경우"란 다음 각 호의 어느 하나에 해당하는 경우를 말한다.

1. 「재난 및 안전관리 기본법」에 따른 재난 또는 이에 준하는 사고가 발생하여 이를 수습하거나 재난 등의 발생이 예상되어 이를 예방하기 위해 긴급한 조치가 필요한 경우

2. 사람의 생명을 보호하거나 안전을 확보하기 위해 긴급한 조치가 필요한 경우

3. 그 밖에 제1호 및 제2호에 준하는 사유로 법 제51조의2제2항 본문에 따른 휴식 시간을 주는 것이 어렵다고 인정되는 경우

2. 해설

협의의 휴식은 통상 1일에 11시간의 휴식을 하는 것을 말한다(이하 "1일 11시간 휴식제"라 한다). 1일 11시간 휴식제는 유럽연합(EU) 근로시간 지침의 핵심조항이다. 동 지침 제3조(매일의 휴식)는 "회원국은 모든 근로자에게 24시간당 최저 11시간의 계속된 휴식시간이 매일 부여되는 데에 필요한 조치를 취하여야 한다."라고 규정하고 있다. 이에 따라 독일, 프랑스 등 EU회원국은 1일 11시간 휴식제를 시행하고 있다.

우리나라는 2018년 근로기준법을 개정하면서 제59조(근로시간 및 휴게시간의 특례)에 1일 11시간 휴식제를 도입한 후 2021년 근로기준법 개정 시 제51조의 2(3개월을 초과하는 탄력적 근로시간제) 및 제52조(선택적 근로시간제)에도 동 제도를 도입하였다. 또한 근로기준법 제53조 제4항의 규정에 의한 특별연장근로 시 건강보호조치의 한 방법으로 고용노동부 고시(2021-29호, 2021.4.1.)는 11시간 휴식제를 실시토록 하고 있다.

3. 내용

근로일 종료 후 다음 근로일 개시 전까지 연속하여 11시간의 휴식시간을 부여하여야 한다. 우리나라의 경우 근로시간 도중에 주어야 하는 휴게시간이 8시간에 1시간, 4시간 추가 시 30분으로 선진국(독일 9시간 초과 시 45분 이상, 프랑스 6시간 초과 시 20분 이상)에 비해 길어 실 근로시간이 짧아지는 문제가 있다.

VI. 휴직

1. 관련 규정

【근로기준법】

제23조(해고 등의 제한)

① 사용자는 근로자에게 정당한 이유 없이 해고, 휴직, 정직, 전직, 감봉, 그 밖의 징벌(징벌)(이하 "부당해고등"이라 한다)을 하지 못한다.

② 사용자는 근로자가 업무상 부상 또는 질병의 요양을 위하여 휴업한 기간과 그 후 30일 동안 또는 산전(산전)·산후(산후)의 여성이 이 법에 따라 휴업한 기간과 그 후 30일 동안은 해고하지 못한다.(단서 생략)

【남녀고용 평등과 일·가정 양립지원에 관한 법률】

제19조(육아휴직)

① 사업주는 근로자가 만 8세 이하 또는 초등학교 2학년 이하의 자녀 (입양한 자녀를 포함한다. 이하 같다)를 양육하기 위하여 휴직(이하 "육아휴직"이라 한다)을 신청하는 경우에 이를 허용하여야 한다. 다만, 대통령령으로 정하는 경우에는 그러하지 아니하다.

② 육아휴직의 기간은 1년 이내로 한다.

③ 사업주는 육아휴직을 이유로 해고나 그 밖의 불리한 처우를 하여서는 아니 되며, 육아휴직 기간에는 그 근로자를 해고하지 못한다. 다만, 사업을 계속할 수 없는 경우에는 그러하지 아니하다.

④ 사업주는 육아휴직을 마친 후에는 휴직 전과 같은 업무 또는 같은 수준의 임금을 지급하는 직무에 복귀시켜야 한다. 또한 제2항의 육아휴직 기간은 근속기간에 포함한다.

⑤ 기간제근로자 또는 파견근로자의 육아휴직 기간은 「기간제 및 단시간근로자 보호 등에 관한 법률」 제4조에 따른 사용기간 또는 「파견근로자 보호 등에 관한 법률」 제6조에 따른 근로자파견기간에서 제외한다.

⑥ 육아휴직의 신청방법 및 절차 등에 관하여 필요한 사항은 대통령령으로 정한다.

제19조의4(육아휴직과 육아기 근로시간 단축의 사용형태)
① 근로자는 육아휴직을 2회에 한정하여 나누어 사용할 수 있다.

제22조의2(근로자의 가족 돌봄 등을 위한 지원)

① 사업주는 근로자가 조부모, 부모, 배우자, 배우자의 부모, 자녀 또는 손자녀(이하 "가족"이라 한다)의 질병, 사고, 노령으로 인하여 그 가족을 돌보기 위한 휴직(이하 "가족돌봄휴직"이라 한다)을 신청하는 경우 이를 허용하여야 한다. 다만, 대체인력 채용이 불가능한 경우, 정상적인 사업 운영에 중대한 지장을 초래하는 경우, 본인 외에도 조부모의 직계비속 또는 손자녀의 직계존속이 있는 경우 등 대통령령으로 정하는 경우에는 그러하지 아니하다.

③ 제1항 단서에 따라 사업주가 가족돌봄휴직을 허용하지 아니하는 경우에는 해당 근로자에게 그 사유를 서면으로 통보하고, 다음 각 호의 어느 하나에 해당하는 조치를 하도록 노력하여야 한다.

1. 업무를 시작하고 마치는 시간 조정
2. 연장근로의 제한
3. 근로시간의 단축, 탄력적 운영 등 근로시간의 조정
4. 그 밖에 사업장 사정에 맞는 지원조치

④ 가족돌봄휴직 및 가족돌봄휴가의 사용기간과 분할횟수 등은 다음 각 호에 따른다.

1. 가족돌봄휴직 기간은 연간 최장 90일로 하며, 이를 나누어 사용할 수 있을 것. 이 경우 나누어 사용하는 1회의 기간은 30일 이상이 되어야 한다.

⑥ 사업주는 가족돌봄휴직 또는 가족돌봄휴가를 이유로 해당 근로자를 해고하거나 근로조건을 악화시키는 등 불리한 처우를 하여서는 아니 된다.

⑦ 가족돌봄휴직 및 가족돌봄휴가 기간은 근속기간에 포함한다. 다만, 「근로기준법」 제2조제1항제6호에 따른 평균임금 산정기간에서는 제외한다.

⑧ 사업주는 소속 근로자가 건전하게 직장과 가정을 유지하는 데에 도움이 될 수 있도록 필요한 심리상담 서비스를 제공하도록 노력하여야 한다.

⑨ 고용노동부장관은 사업주가 제1항 또는 제2항에 따른 조치를 하는 경우에는 고용 효과 등을 고려하여 필요한 지원을 할 수 있다.

⑩ 가족돌봄휴직 및 가족돌봄휴가의 신청방법 및 절차 등에 관하여 필요한 사항은 대통령령으로 정한다.

【남녀고용 평등과 일·가정 양립지원에 관한 법률 시행령】

제10조(육아휴직의 적용 제외)

법 제19조제1항 단서에서 "대통령령으로 정하는 경우"란 육아휴직을 시작하려는 날(이하 "휴직개시예정일"이라 한다)의 전날까지 해당 사업에서 계속 근로한 기간이 6개월 미만인 근로자가 신청한 경우를 말한다.

제11조(육아휴직의 신청 등)

① 법 제19조제1항에 따라 육아휴직을 신청하려는 근로자는 휴직개시예정일의 30일 전까지 육아휴직 대상인 영유아의 성명, 생년월일, 휴직개시예정일, 육아휴직을 종료하려는 날(이하 "휴직종료예정일"이라 한다), 육아휴직 신청 연월일, 신청인 등에 대한 사항을 신청서

에 적어 사업주에게 제출하여야 한다.

② 제1항에도 불구하고 다음 각 호의 어느 하나에 해당하는 경우에는 휴직개시예정일 7일 전까지 육아휴직을 신청할 수 있다.

1. 출산 예정일 이전에 자녀가 출생한 경우

2. 배우자의 사망, 부상, 질병 또는 신체적·정신적 장애나 배우자와의 이혼 등으로 해당 영유아를 양육하기 곤란한 경우

③ 사업주는 근로자가 제1항에 따른 기한이 지난 뒤에 육아휴직을 신청한 경우에는 그 신청일부터 30일 이내에, 제2항에 따른 기한이 지난 뒤에 육아휴직을 신청한 경우에는 그 신청일부터 7일 이내에 육아휴직 개시일을 지정하여 육아휴직을 허용하여야 한다.

④ 사업주는 육아휴직을 신청한 근로자에게 해당 자녀의 출생 등을 증명할 수 있는 서류의 제출을 요구할 수 있다.

제12조(육아휴직의 변경신청 등)

① 육아휴직을 신청한 근로자는 휴직 개시예정일 전에 제11조제2항 각 호의 어느 하나에 해당하는 사유가 발생한 경우에는 사업주에게 그 사유를 명시하여 휴직개시예정일을 당초의 예정일 전으로 변경하여 줄 것을 신청할 수 있다.

② 근로자는 휴직종료예정일을 연기하려는 경우에는 한 번만 연기할 수 있다. 이 경우 당초의 휴직종료예정일 30일 전(제11조제2항제2호의 사유로 휴직종료예정일을 연기하려는 경우에는 당초의 예정일 7일 전)까지 사업주에게 신청하여야 한다.

제13조(육아휴직 신청의 철회 등)

① 육아휴직을 신청한 근로자는 휴직개시예정일의 7일 전까지 사유를 밝혀 그 신청을 철회할 수 있다.

② 근로자가 육아휴직을 신청한 후 휴직개시예정일 전에 다음 각 호의 어느 하나에 해당하는 사유가 발생하면 그 육아휴직 신청은 없었던 것으로 본다. 이 경우 근로자는 지체 없이 그 사실을 사업주에게 알려야 한다.

1. 해당 영유아의 사망

2. 양자인 영유아의 파양 또는 입양의 취소

3. 육아휴직을 신청한 근로자가 부상, 질병 또는 신체적·정신적 장애나 배우자와의 이혼 등으로 해당 영유아를 양육할 수 없게 된 경우

제14조(육아휴직의 종료)

① 육아휴직 중인 근로자는 그 영유아가 사망한 경우 또는 그 영유아와 동거하지 않게 된 경우(영유아의 양육에 기여하지 않는 경우로 한정한다)에는 그 사유가 발생한 날부터 7일 이내에 그 사실을 사업주에게 알려야 한다.

② 사업주는 제1항에 따라 육아휴직 중인 근로자로부터 영유아의 사망 등에 대한 사실을 통지받은 경우에는 통지받은 날부터 30일 이내로 근무개시일을 지정하여 그 근로자에게 알려야 한다.

③ 근로자는 다음 각 호의 어느 하나에 해당하는 날에 육아휴직이 끝난 것으로 본다.

1. 제1항에 따라 통지를 하고 제2항에 따른 근무개시일을 통지받은 경우에는 그 근무개시일의 전날

2. 제1항에 따라 통지를 하였으나 제2항에 따른 근무개시일을 통지받지 못한 경우에는 제1항의 통지를 한 날부터 30일이 되는 날

3. 제1항에 따른 통지를 하지 아니한 경우에는 영유아의 사망 등의 사유가 발생한 날부터 37일이 되는 날

④ 육아휴직 중인 근로자가 새로운 육아휴직을 시작하거나 「근로기준법」 제74조에 따른 출산전후휴가 또는 법 제19조의2에 따른 육아기 근로시간 단축(이하 "육아기 근로시간 단축"이라 한다)을 시작하는 경우에는 그 새로운 육아휴직, 출산전후휴가 또는 육아기 근로시간 단축 개시일의 전날에 육아휴직이 끝난 것으로 본다.

제16조의2(가족돌봄휴직 및 가족돌봄휴가의 신청 등)

① 법 제22조의2제1항 본문에 따라 가족돌봄휴직을 신청하려는 근로자는 가족돌봄휴직을 시작하려는 날(이하 "돌봄휴직개시예정일"이라 한다)의 30일 전까지 가족돌봄휴직 기간 중 돌보는 대상인 가족의 성명, 생년월일, 돌봄이 필요한 사유, 돌봄휴직개시예정일, 가족돌봄휴직을 종료하려는 날(이하 "돌봄휴직종료예정일"이라 한다), 가족돌봄휴직 신청 연월일, 신청인 등에 대한 사항을 적은 문서(전자문서를 포함한다)를 사업주에게 제출하여야 한다.

② 사업주는 근로자가 제1항에 따른 기한이 지난 뒤에 가족돌봄휴직을 신청한 경우에는 그 신청일부터 30일 이내로 가족돌봄휴직 개시일

을 지정하여 가족돌봄휴직을 허용하여야 한다.

③ 사업주는 가족돌봄휴직을 신청한 근로자에게 돌봄이 필요한 가족의 건강 상태, 신청인 외의 가족 등의 돌봄 가능 여부 등 근로자의 가족돌봄휴직의 필요성을 확인할 수 있는 서류의 제출을 요구할 수 있다.

④ 법 제22조의2제2항 본문에 따라 가족돌봄휴가를 신청하려는 근로자는 가족돌봄휴가를 사용하려는 날, 가족돌봄휴가 중 돌보는 대상인 가족의 성명·생년월일, 가족돌봄휴가 신청 연월일, 신청인 등에 대한 사항을 적은 문서(전자문서를 포함한다)를 사업주에게 제출해야 한다.

제16조의3(가족돌봄휴직 및 가족돌봄휴가의 허용 예외)

① 법 제22조의2제1항 단서에서 "대통령령으로 정하는 경우"란 다음 각 호의 어느 하나에 해당하는 경우를 말한다.

1. 돌봄휴직개시예정일의 전날까지 해당 사업에서 계속 근로한 기간이 6개월 미만인 근로자가 신청한 경우

2. 부모, 배우자, 자녀 또는 배우자의 부모를 돌보기 위하여 가족돌봄휴직을 신청한 근로자 외에도 돌봄이 필요한 가족의 부모, 자녀, 배우자 등이 돌봄이 필요한 가족을 돌볼 수 있는 경우

3. 조부모 또는 손자녀를 돌보기 위하여 가족돌봄휴직을 신청한 근로자 외에도 조부모의 직계비속 또는 손자녀의 직계존속이 있는 경우. 다만, 조부모의 직계비속 또는 손자녀의 직계존속에게 질병, 노령,

장애 또는 미성년 등의 사유가 있어 신청한 근로자가 돌봐야 하는 경우는 제외한다.

4. 사업주가 직업안정기관에 구인신청을 하고 14일 이상 대체인력을 채용하기 위하여 노력하였으나 대체인력을 채용하지 못한 경우. 다만, 직업안정기관의 장의 직업소개에도 불구하고 정당한 이유 없이 2회 이상 채용을 거부한 경우는 제외한다.

5. 근로자의 가족돌봄휴직으로 인하여 정상적인 사업 운영에 중대한 지장이 초래되는 경우로서 사업주가 이를 증명하는 경우

② 법 제22조의2제2항 본문에서 "조부모 또는 손자녀의 경우 근로자 본인 외에도 직계비속 또는 직계존속이 있는 등 대통령령으로 정하는 경우"란 조부모 또는 손자녀를 돌보기 위하여 가족돌봄휴가를 신청한 근로자 외에도 조부모의 직계비속 또는 손자녀의 직계존속이 있는 경우를 말한다. 다만, 조부모의 직계비속 또는 손자녀의 직계존속에게 질병, 노령, 장애 또는 미성년 등의 사유가 있어 신청한 근로자가 돌봐야 하는 경우는 제외한다.

제16조의4(가족돌봄휴직 신청의 철회 등)

① 가족돌봄휴직을 신청한 근로자는 돌봄휴직개시예정일의 7일 전까지 사유를 밝혀 그 신청을 철회할 수 있다.

② 근로자가 가족돌봄휴직을 신청한 후 돌봄휴직개시예정일 전에 돌봄이 필요한 가족이 사망하거나 질병 등이 치유된 경우에는 그 신청은 없었던 것으로 본다. 이 경우 근로자는 지체 없이 그 사실을 사업

주에게 알려야 한다.

제16조의5(가족돌봄휴직의 종료)

① 가족돌봄휴직 중인 근로자는 돌봄이 필요한 가족이 사망하거나 질병 등이 치유된 경우에는 그 사유가 발생한 날부터 7일 이내에 그 사실을 사업주에게 알려야 한다.

② 사업주는 제1항에 따라 통지를 받은 경우 통지받은 날부터 30일 이내로 근무개시일을 지정하여 그 근로자에게 알려야 한다.

③ 근로자는 다음 각 호의 어느 하나에 해당하는 날에 가족돌봄휴직이 끝난 것으로 본다.

1. 제1항에 따라 통지를 하고 제2항에 따른 근무개시일을 통지받은 경우에는 그 근무개시일의 전날

2. 제1항에 따라 통지를 했으나 제2항에 따른 근무개시일을 통지받지 못한 경우에는 제1항의 통지를 한 날부터 30일이 되는 날

3. 제1항에 따른 통지를 하지 않은 경우에는 제1항에 따른 사유가 발생한 날부터 37일이 되는 날

제16조의6(준용)

법 제22조의2제1항에 따른 가족돌봄휴직의 절차 등에 관하여는 제12조제2항을 준용한다. 이 경우 "휴직종료예정일"은 "돌봄휴직종료예정일"로 본다.

2. 해설

휴직은 사용자가 어떤 근로자를 그 직무에 종사하게 하는 것이 불가능하거나 적당하지 않은 경우에 근로계약 관계를 해지하지 않고 일정한 기간 동안 근로제공을 면제 또는 금지하는 것을 말한다(일종의 인사에 관한 처분행위). 휴직은 사용자가 일정한 사유를 이유로 휴직을 명하는 경우와 근로자의 사정으로 근로자가 휴직 신청(청약)을 하고 이에 대하여 사용자가 승인(승낙)함으로써 성립하는 경우가 있다. 전자의 휴직은 사용자의 일방적인 의사표시(형성행위)에 의하여 이루어지지만, 후자는 사용자와 근로자간에 합의의 형식을 취한다. 전자의 경우에는 근로자가 휴직을 원하지 않음에도 불구하고 사용자가 일방적으로 휴직명령(형성권)을 하는 것이라고 할 수 있으므로 근로기준법 제23조 제1항에 의한 정당한 이유가 있어야 한다. 휴직은 해고 회피노력의 한 방법으로 활용될 수 있다. 이때에는 근로기준법 제24조 제2항과 제23조 제1항이 원용될 수 있다. 후자의 휴직은 근로자에게 발생된 사유에 의하여 이루어지는 것이므로, 예컨대 ① 상병(傷病), 가사 ② 공직취임, 연수·교육, 군복무 ③ 형사사건으로 기소된 경우 등의 사유가 있을 때 행하여질 수 있다.[68]

휴직은 근로일은 그대로 두면서 구체적인 근로의무만 면제되고 사용자의 처분이나 근로자의 신청에 의해 사용일 또는 기간이 정해진다는 점에서 휴일과 구별된다.

휴직은 휴직일이 출근일수나 재직기간에 포함되지 않는다는 점에서

---

68) 김형배, 앞의 책(각주 38), 571-572면

휴가와 구별된다. 그러나 육아휴직의 경우 사용기간을 법으로 출근일수와 재직기간에 포함되도록 규정하여 구별의 실익이 없다. 또한 휴직일 계산 시 휴일·휴무일도 포함한 기간으로 계산한다는 점에서 휴가와 구별된다. 그러나 출산전후휴가의 경우 휴가일 계산 시 휴일·휴무일을 포함한 기간으로 계산하고 있어 휴가일수 계산의 법리와 다르게 하고 있다.

휴직이 위와 같이 법리와 다른 규정을 두고 해석도 다르게 하는 이유가 무엇인지에 대해 다음 항의 휴직과 휴업에서 논하기로 한다.

3. 휴직과 휴업

휴직은 위에서 본 바와 같이 '사용자가 어떤 근로자를 그 직무에 종사하게 하는 것이 불가능 하거나 적당하지 않은 경우에 근로계약 관계를 해지하지 않고 일정한 기간 동안 근로제공을 면제 또는 금지하는 것을 말하고', 휴업은 '근로자가 근로계약상의 근로를 제공하려고 함에도 불구하고 그 의사에 반하여 그 제공이 불가능하거나 사용자에 의해 수령이 거부된 경우를 말한다(대법원 1991. 12. 13. 선고, 90다18999 판결).' 사건으로는 휴업은 근로자가 근로계약상의 근로를 제공하려고 함에도 불구하고 그 의사에 반하여 그 제공이 불가능하거나 사용자에 의해 수령이 거부된 경우 및 법령에 의하여 일정기간 동안 근로제공을 면제 또는 금지하는 것을 말한다.

즉 휴직의 경우는 근로자의 사정으로 근로하는 것이 불가능하거나 적당하지 않은 경우이고, 휴업은 사용자의 책임 있는 사유나 법령에 의해 근로제공이 면제 또는 금지되는 경우가 일반적이라 할 것이다. 또 하나의 차이는 휴업기간은 휴직과 다르게 재직기간에 포함된다.

일본의 경우는 출산 및 육아관련 휴업의 경우 모두 휴업이라는 용어를 사용하고 있다(노동기준법 제 65조 '산전산후 휴업', 육아·개호 휴업법 제5조 '육아 휴업', 제11조 '개호휴업'). 그러나 우리나라는 각 법률에서 '휴업'에 대해 그 용어사용이 통일되어 있지 않다. 근로기준법 제23조 제2항에는 '산전·산후 휴업한 기간'이라는 내용이 있으나 근로기준법에 '산전·산후 휴업' 규정은 없으며, 행정해석은 법 제74조 제1항의 '출산전후휴가'를 휴업으로 보고 있다. 동 조항에 '출산전후휴가'로 규정한 이유가 무엇인지는 명백하지 않다. 그것이 휴가 일수 계산과 관련이 있다면 현행 행정해석은 변경하는 것이 타당하다고 본다. 육아휴직의 경우는 최초 1987년 도입시 동 휴직기간을 재직기간에서 제외하기 위한 것이 아닌가 한다. 현재는 동 기간을 재직기간에 포함하도록 규정하였으므로 굳이 휴직으로 할 필요성은 없다고 본다.

근로기준법 제23조 제1항의 휴직의 경우에는 판례(대법원 2009.9.10. 선고 2007두10440 판결)는 "구 근로기준법 제45조(현행 제46조) 제1항에서 정하는 '휴업'에는 개개의 근로자가 근로계약에 따라 근로를 제공할 의사가 있음에도 불구하고 그 의사에 반하여 취업이 거부되거나 또는 불가능하게 된 경우도 포함되므로, 이는 '휴직'을 포함하는 광의의 개념이다."라고 하여 법 제23조 제1항의 휴직은 법 제46조 제1항의 휴업에 포함되는 개념으로 보고 있다.

4. 근로기준법 제23조 제1항의 휴직

1) 의의

동 규정의 휴직은 어떤 근로자를 그 직무에 종사하게 하는 것이 불능이거나 또는 적당하지 아니한 사유가 발생한 때에 그 근로자의 지위를 그대로 두면서, 일정한 기간 그 직무에 종사하는 것을 금지시키는 사용자의 처분을 말한다(대법원 2009.9.10. 선고 2007두10440 판결). 따라서 당사자가 합의한 휴직은 동 규정의 휴직에 해당하지 아니한다.

2) 주요 내용

동 규정의 휴직은 사용자의 처분이므로 정당한 이유가 있어야 한다. 동 휴직은 근로기준법 규정의 부당해고 구제 신청 대상이 된다. 유사한 처분으로 '대기발령'이 있는데 대기발령도 휴직으로 본다.

동 휴직은 법 제46조 제1항 규정의 '휴업'에 해당하므로 휴직기간 동안 휴업수당을 지급하여야 한다. 약정 휴직의 경우 임금 지급은 약정내용에 따른다.

3) 경영상 이유에 의한 무급휴직 요건

행정해석은 "사용자가 경영상 이유에 의한 해고를 하는 경우에 해고 회피 노력의 일환으로서 해고 대신 무급휴직을 실시한다면 휴업수당을 지급하지 않더라도 근로기준법 위반이 아니나, 근로기준법 제24조의 법적 요건과 절차에 따라 무급휴직자를 선정하지 아니하고, 단지 노사가 무급휴직 실시에 합의한 후 개별근로자의 신청 없이 특정 근로자에게 휴직을 강제한다면 이는 사실상의 휴업으로서 사용자는 당해 근로자에게 휴업수당을 지급하여야 한다(근기68207-780, 2001. 03. 08.).”고 한다.

그러나 당사자가 합의한 자발적 무급휴직의 경우는 “사업장의 경영상의 어려움으로 인해서 개별 근로자가 자진하여 무급휴직을 신청하고 사용자가 이를 승인했다면 근로자의 근로의 의사에 반해 근로제공이 거부되는 휴업과 달리 근로자와 사용자간의 근로관계가 일시 정지되는 것이므로 근로자는 근로제공의무를 면하게 되고 사용자는 특별한 규정이 없는 한 금품지급 의무를 면하게 된다(근로조건지도과-1005, 2008. 04. 22.).”고 하여 무급 휴직도 가능하다고 한다.

5. 육아휴직

1) 의의 및 연혁

근로자가 육아를 이유로 퇴직하거나 불이익을 당하는 것을 방지하고 경력단절을 예방하여 일과 가정을 양립시키고 후세대를 건강하게 양육함으로써 모든 국민의 삶의 질 향상에 이바지하고자, 1987년 제정된 남녀고용평등법에서 처음 도입되었다.

1987년 도입 시에는 임의 제도였으나 1989년 법을 개정하여 여성근로자가 신청 시 사용자가 휴직을 허용하도록 강제하는 규정을 두었으며 1995년에는 배우자인 남성근로자도 육아휴직이 가능하도록 하였다. 최초에는 1년 미만의 영아를 가진 경우에 신청이 가능하도록 하였으나 현재는 만 8세 이하 또는 초등학교 2학년 이하의 자녀를 둔 경우는 신청이 가능하도록 신청범위를 확대하였다.

2) 내용

(1) 부여의무

사업주는 만 8세 이하 또는 초등학교 2학년 이하의 자녀를 둔 근로자
가 자녀 양육을 위해 휴직을 신청하는 경우 이를 허용해야 한다. 법은
신청시점만 규정하고 있으므로 육아휴직 개시 이후에 자녀가 만 9세가
되거나 초등학교 3학년이 되더라도 육아휴직은 사용할 수 있다.

(2) 부여기간

육아휴직기간은 1년 이내이며 부부가 각각 1년씩 사용할 수 있다. 동
휴직은 2회에 한정하여 나누어 사용할 수 있다.

(3) 적용제외

육아휴직 개시예정일 전날까지 해당사업에서의 계속근로기간이 6개
월 미만인 근로자에게는 육아휴직 부여의무가 없다.

3) 육아휴직의 신청

(1) 신청대상

육아휴직 신청권자는 육아휴직 청구일 현재 만 8세 이하 또는 초등학
교 2학년 이하의 자녀를 둔 근로자이며 출산부모뿐 아니라 입양 및 대
리부모까지를 포함하고 법률상 혼인관계뿐 아니라 사실상 혼인관계로
인한 자녀의 경우에도 인정된다.

행정해석은 근로자가 재혼하여 육아휴직이 가능한 자녀가 생긴 경우

에 동일한 자녀에 대하여 이미 친모가 1년의 육아휴직을 사용하였더라도 육아휴직이 가능하다고 한다(여성고용정책과-462, 2014.02.13.). 그러나 무급휴직자(여성고용정책과-631, 2015.02.29.), 업무외 사고로 사지마비 상태인 근로자(여성고용정책과-755, 2015.03.24.), 정직의 징계를 받고 정직처분 중인 자(여성고용정책과-735, 2017.02.20.)는 육아휴직 신청을 할 수 없다고 한다.

(2) 신청방법

육아휴직 희망 근로자가 예정일 30일 전까지 영유아의 성명·생년월일, 개시·종료예정일, 신청연월일, 신청인 등을 기재한 신청서를 제출하면, 사업주는 신청일부터 30일 이내로 개시일을 지정하여 허용해야 한다.

그러나 '출산예정일 이전에 자녀가 출생'하거나, '배우자의 사망·부상·질병 또는 신체적·정신적 장애나 이혼 등으로 해당 영유아를 양육하기 곤란한 경우'에는 개시예정일 7일 전까지 신청할 수 있으며, 사업주는 신청일부터 7일 이내로 개시일을 지정하여 허용해야 한다.

4) 육아휴직의 변경, 철회

육아휴직을 신청한 근로자가 위 신청방법 중 후자의 사례가 발생한 경우 사업주에게 사유를 명시하여 휴직개시예정일을 앞당겨 줄 것을 신청할 수 있다. 휴직종료 예정일을 연기하려는 경우 한 번만 연기할 수 있으며, 이 경우 휴직종료 예정일 30일 전(비상의 경우 7일 전)까지 사업주에게 신청하여야 한다.

　근로자는 육아휴직 개시예정일 7일 전까지 사유를 밝혀 육아휴직신청을 철회할 수 있다. 개시예정일 전에 영유아 사망, 파양·입양취소 및 신청자의 부상·질병이나 신체·정신적 장애 또는 배우자와의 이혼 등의 사유가 발생하면 그 육아휴직 신청은 없었던 것으로 본다. 이 경우 근로자는 지체없이 이를 사업주에게 알려야 한다.

　5) 육아휴직의 사용

　육아휴직 기간에는 대상 자녀를 양육하여야 하며 동 기간 동안 다른 사업장에 취업하여서는 아니 된다. 또한 대상 자녀와 동거하여야 한다. 판례(대법원 2017. 8. 23. 선고 2015두51651 판결)는 양육과 관련하여 "일반적으로 양육(養育)은 '아이를 보살펴서 자라게 함'을 말하는데, 부모는 자녀의 양육에 적합한 방식을 적절하게 선택할 수 있으므로 육아휴직 기간 동안에도 해당 육아휴직 중인 근로자 및 육아휴직 대상 자녀의 사정에 따라 다양한 방식으로 양육이 이루질 수 있다"고 하면서 육아휴직 전후의 양육의 형태와 방법 및 정도 등 여러 사정을 종합하여 사회통념에 따라 판단하여야 한다고 한다.

　행정해석은 육아휴직자가 육아휴직 기간 중 주 10~23시간 로스쿨 강의를 수강하였고, 시험기간 중 일부기간은 기숙사에 입소하여 자녀와 동거하지 않은 사실이 확인된 경우 육아휴직으로 볼 수 있는지에 대해, 육아휴직을 사용하는 근로자가 학업을 병행하더라도 그 근로자가 학업으로 인해 자녀를 양육하는 것이 도저히 불가능하다고 볼 만한 객관적인 입증이 없다면 육아휴직이 아니라고 단정하기는 어렵다고 한다(여성고용정책과-2879, 2016.08.16.).

6) 육아휴직의 종료

육아휴직은 근로자의 신청에 따라 사업주로부터 허용 받은 기간이 지나면 종료하며, 육아휴직 중 새로운 출산전후휴가, 육아휴직, 육아기 근로시간단축 등을 시작하는 경우에는 이들 휴가, 휴직, 근로시간 단축 개시일 전날에 종료한다.

육아휴직 중 영유아의 사망, 동거중단의 경우 휴직 중인 근로자는 사유발생일로부터 7일 이내에 사업주에게 이를 통지하고, 사업주는 통지받은 날로부터 30일 이내에 근무 개시일을 지정하여 근로자에게 알려야 하며, 동 육아휴직 종료일은 다음과 같다.

① 근로자가 7일 내 통지를 하고 사업주로부터 근무개시일을 통지받은 경우에는 그 근무개시일의 전날
② 근로자가 7일 내 통지를 했으나 사업주로부터 근무개시일을 통지받지 못한 경우에는 제1항의 통지를 한 날부터 30일이 되는 날
③ 근로자가 통지를 하지 않은 경우에는 위 통지사유가 발생한 날부터 37일이 되는 날

7) 신분보장

육아휴직을 이유로 근로자에게 해고나 그 밖의 불리한 처우를 할 수 없으며, 육아휴직기간에는 사업을 계속할 수 없는 경우를 제외하고는

어떤 이유로도 해고할 수 없다.

  8) 유아휴직급여

  (1) 육아휴직급여 지급대상자

  아래 4가지 요건을 모두 갖춘 근로자

  ① 육아휴직을 30일 이상 부여받은 근로자일 것

  ② 육아휴직을 시작한 날 이전에 고용보험 피보험 단위기간이 180일
     이상일 것

  ③ 같은 자녀에 대하여 피보험자인 배우자가 30일 이상 육아휴직을
     부여받지 아니하거나 육아기 근로시간 단축을 30일 이상 실시하
     지 아니하고 있을 것

  ④ 육아휴직을 시작한 날 이후 1개월부터 끝난 날 이후 12개월 이내
     에 신청할 것

  (2) 육아휴직급여 월지급액

  ① 육아휴직 최초 3개월간: 월 통상임금의 100분의 80에 해당하는 금
     액(상한액 150만원/하한액 70만원)

  ② 육아휴직 4개월째부터: 월 통상임금의 100분의 50에 해당하는 금
     액(상한액 120만원/하한액 70만원)

6. 가족돌봄휴직

  1) 의의

근로자가 가족생활을 돌봄으로써 일과 가정 그리고 일과 생활을 양립시켜 행복추구권을 실현하기 위해 마련된 제도이다. 2012년 도입하였으며 2019년에는 가족돌봄휴가를 추가로 도입하였다.

　2) 내용

　조부모, 부모, 배우자, 배우자의 부모, 자녀 또는 손자녀(이하 '가족'이라 한다.)의 질병, 사고, 노령 또는 자녀의 양육으로 인하여 긴급하게 그 가족을 돌보기 위하여 휴직을 신청하는 경우 휴직을 허용하여야 한다. 다만, 다음의 사유가 있을 때는 휴직을 허용하지 않을 수 있다.

① 돌봄휴직 개시예정일의 전날까지 해당 사업에서 계속 근로한 기간이 6개월 미만인 근로자가 신청한 경우

② 부모, 배우자, 자녀 또는 배우자의 부모를 돌보기 위하여 가족돌봄휴직을 신청한 근로자 외에도 돌봄이 필요한 가족의 부모, 자녀, 배우자 등이 돌봄이 필요한 가족을 돌볼 수 있는 경우

③ 조부모 또는 손자녀를 돌보기 위하여 가족돌봄휴직을 신청한 근로자 외에도 조부모의 직계비속 또는 손자녀의 직계존속이 있는 경우. 다만, 조부모의 직계비속 또는 손자녀의 직계존속에게 질병, 노령, 장애 또는 미성년 등의 사유가 있어 신청한 근로자가 돌봐야 하는 경우는 제외한다.

④ 사업주가 직업안정기관에 구인신청을 하고 14일 이상 대체인력을 채용하기 위하여 노력하였으나 대체인력을 채용하지 못한 경우. 다만, 직업안정기관의 장의 직업소개에도 불구하고 정당한 이유

없이 2회 이상 채용을 거부한 경우는 제외한다.

⑤ 근로자의 가족돌봄휴직으로 인하여 정상적인 사업 운영에 중대한 지장이 초래되는 경우로서 사업주가 이를 증명하는 경우

3) 휴직기간

휴직기간은 90일이다. 다만, 가족돌봄휴가를 사용하였을 경우 그 기간은 뺀다.

4) 사용방법

휴직은 1회 최소 30일 이상 사용하여야 한다.

5) 보장 내용

사업주는 가족돌봄휴직 사용을 이유로 해당 근로자를 해고하거나 근로조건을 악화시키는 등 불리한 처우를 하여서는 아니 된다.

동 휴직기간은 근속기간에 포함된다. 그러나 동 휴직기간은 근속기간에 포함되고, 무급이기 때문에 평균임금 산정기간에서는 제외된다.

VII. 근로시간 등의 적용특례

1. 관련 규정

【근로기준법】

제59조(근로시간 및 휴게시간의 특례)

① 「통계법」 제22조제1항에 따라 통계청장이 고시하는 산업에 관한 표준의 중분류 또는 소분류 중 다음 각 호의 어느 하나에 해당하는 사업에 대하여 사용자가 근로자대표와 서면으로 합의한 경우에는 제53조제1항에 따른 주(주) 12시간을 초과하여 연장근로를 하게 하거나 제54조에 따른 휴게시간을 변경할 수 있다.

1. 육상운송 및 파이프라인 운송업. 다만, 「여객자동차 운수사업법」 제3조제1항제1호에 따른 노선(노선) 여객자동차운송사업은 제외한다.

2. 수상운송업

3. 항공운송업

4. 기타 운송관련 서비스업

5. 보건업

② 제1항의 경우 사용자는 근로일 종료 후 다음 근로일 개시 전까지 근로자에게 연속하여 11시간 이상의 휴식 시간을 주어야 한다

제63조(적용의 제외)

이 장과 제5장에서 정한 근로시간, 휴게와 휴일에 관한 규정은 다음 각 호의 어느 하나에 해당하는 근로자에 대하여는 적용하지 아니한다.

1. 토지의 경작·개간, 식물의 식재(植栽)·재배·채취 사업, 그 밖의 농림 사업

2. 동물의 사육, 수산 동식물의 채취·포획·양식 사업, 그 밖의 축산, 양잠, 수산 사업

3. 감시(監視) 또는 단속적(斷續的)으로 근로에 종사하는 사람으로서
   사용자가 고용노동부장관의 승인을 받은 사람
4. 대통령령으로 정하는 업무에 종사하는 근로자

【근로기준법 시행령】

제34조(근로시간 등의 적용제외 근로자)

법 제63조제4호에서 "대통령령으로 정한 업무"란 사업의 종류에 관계
없이 관리·감독 업무 또는 기밀을 취급하는 업무를 말한다.

【근로기준법 시행규칙】

제10조(근로시간 등의 적용제외 승인 신청 등)

① 사용자는 법 제63조제3호에 따라 감시 또는 단속적으로 근로에 종
   사하는 자에 대한 근로시간 등의 적용 제외 승인을 받으려면 별지
   제7호서식의 감시적 또는 단속적 근로종사자에 대한 적용 제외 승
   인 신청서를 관할 지방고용노동관서의 장에게 제출하여야 한다.
② 제1항에 따른 승인 대상이 되는 감시적 근로에 종사하는 자는 감시
   업무를 주 업무로 하며 상태적으로 정신적·육체적 피로가 적은 업
   무에 종사하는 자로 한다.
③ 제1항에 따른 승인 대상이 되는 단속적으로 근로에 종사하는 자는
   근로가 간헐적·단속적으로 이루어져 휴게시간이나 대기시간이 많
   은 업무에 종사하는 자로 한다.
④ 관할 지방고용노동관서의 장은 제1항에 따른 신청에 대하여 승인을

할 경우에는 별지 제8호서식의 감시적 또는 단속적 근로종사자에 대한 적용 제외 승인서를 내주어야 한다.

【근로감독관 집무규정】

제68조(감시적·단속적 근로에 종사하는 자에 대한 적용제외 승인) ① 「근로기준법」 제63조제3호 및 같은 법 시행규칙 제10조제2항에 따른 "감시적근로에 종사하는 자"의 적용제외 승인은 다음 각 호의 기준을 모두 갖춘 때에 한한다.

1. 수위·경비원·물품감시원 또는 계수기감시원 등과 같이 심신의 피로가적은 노무에 종사하는 경우. 다만, 감시적 업무이기는 하나 잠시도 감시를 소홀히 할 수 없는 고도의 정신적 긴장이 요구되는 경우는 제외한다.

2. 감시적인 업무가 본래의 업무이나 불규칙적으로 단시간동안 타 업무를 수행하는 경우. 다만, 감시적 업무라도 타 업무를 반복하여 수행하거나 겸직하는 경우는 제외한다.

3. 사업주의 지배하에 있는 1일 근로시간이 12시간 이내인 경우 또는 다음 각 목의 어느 하나에 해당하는 격일제(24시간 교대) 근무의 경우

가. 수면시간 또는 근로자가 자유로이 이용할 수 있는 휴게시간이 8시간이상 확보되어 있는 경우

나. 가목의 요건이 확보되지 아니하더라도 공동주택(「주택법 시행령」 제2조제1항 및 「건축법 시행령」 별표 1 제2호 가목부터 라목까지 규정하고 있는 아파트, 연립주택, 다세대주택, 기숙사) 경비원에 있

어서는 당사자간의 합의가 있고 다음날 24시간의 휴무가 보장되어 있는 경우

4. 근로자가 자유로이 이용할 수 있으며 다음 각 목의 기준을 충족하는 별도의 수면시설 또는 휴게시설이 마련되어 있는 경우. 다만, 수면 또는 휴식을 취할 수 있는 충분한 공간과 시설이 마련되어 있는 경우에는 별도의 장소에 마련하지 않아도 적합한 것으로 본다.

가. 적정한 실내 온도를 유지할 수 있는 냉·난방 시설을 갖출 것(여름 20~28℃, 겨울 18~22℃)

나. 유해물질이나 수면 또는 휴식을 취하기 어려울 정도의 소음에 노출되지 않을 것

다. 식수 등 최소한의 비품을 비치하고, 주기적인 청소 등을 통해 청결을 유지하며, 각종 물품을 보관하는 수납공간으로 사용하지 않을 것

라. 야간에 수면 또는 휴게시간이 보장되어 있는 경우에는 몸을 눕혀 수면 또는 휴식을 취할 수 있는 충분한 공간과 침구 등 필요한 물품 등이 구비되어 있을 것

5. 근로자가 감시적 근로자로서 근로시간, 휴게, 휴일에 관한 규정의 적용이 제외된다는 것을 근로계약서 또는 확인서 등에 명시하고 근로자에게 다음 각 목의 근로조건을 보장하는 경우

가. 휴게시간(수면시간을 포함한다. 이하 이 호에서 같다)이 근로시간보다 짧을 것. 다만, 사업장의 특성상 불가피성이 인정되고 휴게시간에 사업장을 벗어나는 것이 허용되는 경우에는 예외로 한다.

나. 휴게시간 보장을 위해 외부 알림판 부착, 소등 조치, 고객(입주민)

안내 등의 조치를 취할 것

다. 월평균 4회 이상의 휴(무)일을 보장할 것

② 「근로기준법」 제63조제3호 및 같은 법 시행규칙 제10조제3항에 따른 "단속적 근로에 종사하는 자"의 적용제외 승인은 다음 각 호의 기준을 모두 갖춘 때에 한한다.

1. 평소의 업무는 한가하지만 기계고장 수리 등 돌발적인 사고발생에 대비하여 간헐적·단속적으로 근로가 이루어져 휴게시간이나 대기시간이 많은 업무인 경우

2. 실 근로시간이 8시간 이내이면서 전체 근무시간의 절반 이하인 업무의 경우. 다만, 격일제(24시간 교대) 근무인 경우에는 이에 대한 당사자간 합의가 있고, 실 근로시간이 전체 근무시간의 절반 이하이면서 다음날 24시간의 휴무가 보장되어야 한다.

3. 근로자가 자유로이 이용할 수 있으며 다음 각 목의 기준을 충족하는 별도의 수면시설 또는 휴게시설이 마련되어 있는 경우. 다만, 수면 또는 휴식을 취할 수 있는 충분한 공간과 시설이 마련되어 있는 경우에는 별도의 장소에 마련하지 않아도 적합한 것으로 본다.

가. 적정한 실내 온도를 유지할 수 있는 냉·난방 시설을 갖출 것(여름 20~28℃, 겨울 18~22℃)

나. 유해물질이나 수면 또는 휴식을 취하기 어려울 정도의 소음에 노출되지 않을 것

다. 식수 등 최소한의 비품을 비치하고, 주기적인 청소 등을 통해 청결을 유지하며, 각종 물품을 보관하는 수납공간으로 사용하지 않을 것

라. 야간에 수면 또는 휴게시간이 보장되어 있는 경우에는 몸을 눕혀
   수면 또는 휴식을 취할 수 있는 충분한 공간과 침구 등 필요한 물품
   등이 구비되어 있을 것

4. 근로자가 단속적 근로자로서 근로시간, 휴게, 휴일에 관한 규정의 적
   용이 제외된다는 것을 근로계약서 또는 확인서 등에 명시하고 근로
   자에게 다음 각 목의 근로조건을 보장하는 경우

가. 휴게시간(수면시간을 포함한다. 이하 이 호에서 같다)이 근로시간
   보다 짧을 것. 다만, 사업장의 특성상 불가피성이 인정되고 휴게시
   간에 사업장을 벗어나는 것이 허용되는 경우에는 예외로 한다.

나. 휴게시간 보장을 위해 외부 알림판 부착, 소등 조치, 고객(입주민)
   안내 등의 조치를 취할 것

다. 월평균 4회 이상의 휴(무)일을 보장할 것

③ 제1항 및 제2항의 근로시간은 일정기간(주 또는 월 등)의 평균적 개
   념으로 산정한다.

④ 감독관은 감시적 또는 단속적 근로종사자에 대한 적용제외 승인 신
   청서를 접수한 때에는 승인대상 사업장에 현지 출장하여 근로조건
   의 실태를 확인하는 등 승인기준에 합당한지를 조사하여야 한다. 다
   만, 신청서 등 관련서류를 검토한 결과 승인기준에 미달하는 것이
   명백하거나 사용자가 동일하고 신청서 접수일 이전 1년 이내에 승
   인 대상 사업장에 현지 출장조사를 실시한 경우에는 현지 출장조사
   를 생략할 수 있다.

⑤ 감시적·단속적 근로에 종사하는 자에 대한 적용제외 승인기간은

제67조제2호에도 불구하고 결재일 이전으로 소급할 수 있다. 다만, 신청일 이전으로 소급하여서는 아니된다.

⑥ 감시적 또는 단속적 근로 종사자에 대한 적용제외 승인의 취소는 제67조제3호에도 불구하고 다음 각 호의 어느 하나에 해당하는 경우에 하여야 한다.

1. 사용자가 제1항 또는 제2항에 따른 승인기준을 위반한 경우
2. 사용자가 거짓이나 그 밖의 부정한 방법으로 승인받은 경우

2. 해설

근로기준법은 사업의 특성 및 업무의 성격을 감안할 때 엄격한 연장근로시간 및 휴게시간의 규제로 인하여 공중생활의 불편을 초래할 우려가 있거나 그 업무의 수행이 제대로 이루어질 수 없는 사업에 한하여 근로시간 및 휴게시간의 특례규정을 두고 있다.

또한 특정사업의 경우 근로자들의 근로시간을 엄격하게 관리할 수 없고, 연장근로 가산임금도 엄밀하게 산정하는 데 어려움이 있다. 이에 해당하는 농림수산업에 종사하는 근로자, 감시·단속적 근로자, 관리·감독업무 및 기밀을 취급하는 업무에 종사하는 근로자는 근로시간 및 휴게·휴일의 적용을 제외하고 있다.

3. 근로시간 및 휴게시간의 특례

1) 의의 및 연혁

사업의 특성 및 업무의 성격을 감안할 때 엄격한 연장근로시간 및 휴

게시간의 규제로 인하여 공중생활의 불편을 초래할 우려가 있거나 그 업무의 수행이 제대로 이루어질 수 없는 사업에 한하여 연장근로 한도 인 주 12시간을 초과한 연장근로를 할 수 있게 하고, 휴게시간을 변경할 수 있는 특례규정을 두고 있다.

동 규정은 1961.12.4. 근로기준법 개정 시 신설되었다. 당시에는 운 수업 등 법에 나열된 사업으로서 공익 또는 국방상 특히 필요할 때 주무 장관의 승인을 얻어 초과 연장근로와 휴게시간 변경이 가능하도록 하 였고, 연장할 수 있는 근로시간은 주당 기준근로시간 범위 안에서 1일 근로시간만 8시간(일반근로자) 또는 6시간(유해·위험작업 종사자)을 초과할 수 있도록 하였다. 1997.3.13. 제정법에서 근로자대표와 서면 합의를 한 때 연장근로 한도인 주당 12시간을 초과하여 연장근로를 할 수 있고, 휴게시간을 변경할 수 있도록 하였다. 또한 이러한 특례를 적 용하고자 할 때 주무장관의 승인을 받도록 한 규정을 사용자가 근로자 대표와 서면 합의하도록 하고 그 합의내용을 노동부장관에게 신고하도 록 하였다. 1999.2.8. 법 개정 때 규제완화 차원에서 동 신고제도를 폐 지하였다. 2018.3.20. 법 개정시 대상업종을 26개에서 육상운송업 등 5 개로 대폭 축소하고 '11시간 연속휴식제도'를 도입하였다.

2) 요건
(1) 대상 사업
육상운송업 및 파이프라인 운송업[다만, 노선(路線) 여객자동차운송 사업은 제외], 수상운송업, 항공운송업, 기타 운송관련 서비스업, 보건업으로 동 사업의 판단은 '한국표준산업분류표'를 기준으로 한다.

(2) 근로자대표와 서면 합의

절차적 요건으로 '근로자대표와의 서면 합의'를 규정하고 있다. 합의 방식이나 내용은 규정되어 있지 않아 근로기준법 제59조를 적용한다는 내용을 포괄적으로 합의하여도 효과가 있다고 할 것이다.

3) 특례의 내용
(1) 연장근로

연장근로제한 시간인 주당 12시간을 초과한 연장근로를 시킬 수 있다. 그러나 1일 최소 11시간 연속 휴식시간을 보장하여야 한다.

(2) 휴게시간

휴게시간을 법 규정의 4시간에 30분 이상, 8시간에 1시간 이상 부여하는 제한을 변경하여 운용할 수 있다. 일본에서는 휴게시간을 일제히 부여하도록 규정하여(노기법 제34조 제2항) 동 규정이 의미가 있으나 우리나라의 경우 그와 같은 규정이 없어 큰 의미는 없다. 동 규정이 적용된다고 하여 휴게시간을 변경할 수는 있으나 전체적으로 주지 않거나 단축시킬 수는 없다.

4) 적용되는 근로조건

근로시간 특례를 적용해도 연장근로 임금 및 가산 수당, 야간근로, 휴일·휴가 등 근로기준법의 다른 규정들은 적용된다.

4. 근로시간·휴일·휴게 적용제외

1) 개요

근로기준법 제63조는 사업의 성질 또는 업무의 특수성으로 인해 출·퇴근시간을 엄격하게 정할 수 없다거나 근로시간 휴일·휴게의 적용이 적절하지 않은 업종, 직종, 근로형태에 대해서 근로시간·휴일·휴게 적용제외를 규정하고 있다.

2) 적용제외 근로자

(1) 1차 산업 종사자(1호, 2호)

토지의 경작·개간, 식물의 식재(植栽)·재배·채취 사업, 그 밖의 농림 사업, 동물의 사육, 수산 동식물의 채취·포획·양식 사업, 그 밖의 축산, 양잠, 수산 사업 종사근로자는 근로시간·휴게·휴일에 관한 규정이 적용되지 않는다. 1차 산업의 경우 사업 자체가 근로시간·휴게·휴일에 관한 규정 적용제외 대상이 된다. 따라서 식물의 식재, 재배, 채취사업을 행하는 사업장에서 식물의 식재, 재배, 채취업무에 종사하지 않고 배송업무나 경리업무를 수행하는 근로자도 동 규정이 적용되며, 반대로 1차 산업이 아닌 사업장에서 일부 업종 또는 직종 종사자가 1차 산업 해당 업무를 한다고 하여 동 근로자에 대해서만 동 규정을 적용할 수 없다(근로기준과-5186, 2004.09.23.).

수산업과 관련하여 행정해석(근로개선정책과-234, 2013.01.08.)은 염전업은 수산업에 해당하나, 어업활동을 하지 아니하고 단지 여러 어선이 잡은 꽃게를 사들여 선별, 분류, 톱밥 포장만 한다면 수산업이 아니라고 한다.

(2) 고용노동부 장관의 승인을 받은 감시(監視) 또는 단속적(斷續的)[69]으로 근로에 종사하는 사람

① 감시 또는 단속 근로자

감시적 근로에 종사하는 자는 감시업무를 주 업무로 하며 상태적(常態的)으로 정신적·육체적 피로가 적은 업무에 종사하는 자를 말한다(근로기준법 시행규칙 10조 제2항).

감시업무를 '주로 한다'는 판단과 관련하여 행정 해석(근로기준정책과-548)은 경비원의 업무 중 경비, 순찰, 전출입 업무는 감시업무이고, 주차요금 징수, 택배 수령, 체육 및 주차카드 발급, 재활용 분리·수거 작업은 감시업무 외 부수적 업무라고 한다. 부수적 업무의 정기성, 반복성, 수행시간 등을 종합적으로 고려하여 승인대상 여부를 판단하여야 한다고 한다.

단속적으로 근로에 종사하는 자는 근로가 간헐적·단속적으로 이루어져 휴게시간이나 대기시간이 많은 업무에 종사하는 자를 말한다(근로기준법 시행규칙 10조 3항).

② 고용노동부 장관의 승인

---

69) ~적(的)이라는 용어는 대표적인 일본어투로 근로기준법을 한글화 하면서도 살아남았다. 또한 단속(斷續)이라는 용어도 생소한 용어이므로 사견으로는 '감시업무 또는 대기시간이 많은 업무에 종사하는 사람'으로 규정하는 것이 우리 어법에 맞는다고 본다.

감시적·단속적 근로가 일반적으로 노동 밀도가 약하고 육체적·정신적 부담이 적다고 하나 예외적으로 고도의 정신적 부담이 있는 업무도 있고, 근로시간·휴게·휴일 적용을 제외하여 초(超)장시간의 근로에 내몰릴 수도 있으므로 고용노동부 장관의 승인을 받도록 하고 있다. 승인기준은 근로감독관 집무규정에 규정(위 관련법령 참고)하고 있다.

적용제외 신청 시 노동조합 또는 근로자의 동의를 요하지 않는다(대법원 1996. 11. 22. 선고 96다30571 판결).

적용제외 승인은 업무 자체를 대상으로 하므로 근로자가 변경되었다고 하여 다시 승인을 받을 필요는 없으나 근로자 수가 증가한 경우에는 증가한 근로자에 대해서는 별도의 승인을 받아야 한다. 아파트 위탁관리 업체가 변경된 경우, 사업을 양도·양수하지 아니하였다면 대상근로자 수가 같아도 새로이 승인을 받아야 한다. 파견근로자의 적용제외 승인 신청은 사용사업주가 하여야 한다(근로기준과-1557, 2010. 06. 30.).

고용노동부 장관의 승인을 받지 못하였을 경우 감시·단속적 근로자라도 근로기준법상의 근로시간·휴일·휴게 규정이 적용된다(대법원 1997. 04. 25. 선고, 95다4056 판결).

(3) 관리·감독 또는 기밀업무를 취급하는 근로자

관리·감독업무에 종사하는 근로자란 사업의 종류에 관계없이 일반적으로 근로조건의 결정 기타 노무관리에 있어서 사업주와 일체적인 입장에 있는 자를 말한다. 판례(대법원 1989. 02. 28. 선고 88다카2974 판결)는 그 실제에 있어 과장, 부장, 소장 등의 명칭 여하에 불구하고 노무관리방침 결정에 참여하거나 노무관리상의 지휘권한을 가지는지 여부, 자기근로에 대하여 자유재량권을 가지고 출·퇴근 등에 엄격한 제한을 받는지 여부, 그 지위에 따른 특별 수당을 받고 있는지 여부 등을 종합적으로 고려하여 구체적으로 판단하고 있다.

기밀 취급자란 반드시 비밀서류 취급자를 가리키는 것은 아니며, 비서나 기타 그 직무가 경영자 또는 감독·관리 지위에 있는 자의 활동과 일체 불가분의 관계에 있으며 출근·퇴근 등에 엄격한 제한을 받지 않는 자를 말한다.

행정해석은 건설회사 현장소장(근로기준과-4983, 2004.09.17.), 아파트 관리업무를 총괄적으로 관리·감독하는 자(근로개선정책과-5224, 2013.09.05.)는 관리·감독자에 해당한다고 한다.

3) 적용제외의 내용

앞에서 열거한 근로자에게는 법 제4장(근로시간과 휴식)과 제5장(여성과 소년)에서 정한 근로시간·휴게·휴일에 관한 규정이 적용되지 않는다.

적용이 제외되는 조항을 구체적으로 보면 근로시간(제50조), 3개월 이내의 탄력적 근로시간제(제51조), 3개월을 초과하는 탄력적 근로시간제(제51조의 2), 선택적 근로시간제(제52조), 연장근로제한(제53조), 휴게(제54조), 휴일(제55조), 연장 및 휴일근로에 대한 가산임금(제56조), 근로시간 계산의 특례(제58조), 연소근로자의 근로시간(제69조), 출산 후 1년이 지나지 아니한 여성의 연장근로(제71조)이다.

적용이 제외되지 않는 조항은 ① 근로기준법 제4장, 5장에 규정되지
아니한 근로시간·휴일·휴게인 산업안전보건법상의 근로시간 규정
및 근로자의 날과 약정 휴일이 있다. ② 근로시간·휴일·휴게와 관련
이 없는 야간근로(제56조 및 제70조), 연차 유급휴가(제60조), 생리휴가
(제73조), 출산전후휴가(제74조) 등이 있다.

근로
시간

ⓒ 김영철, 2022

초판 1쇄 발행 2022년 1월 1일

지은이   김명철
펴낸이   한대환
편집   좋은땅 편집팀
펴낸곳   도서출판 인쇄박사
주소   울산광역시 남구 울밀로 2909 1층
전화   052)224-5100-3
팩스   052)224-5102
이메일   h5100@hanmail.net
홈페이지   https//copy114.modoo.at/

ISBN   979-11-88089-00-0 (13320)